超高層から茅葺きへ

ハウステンボスにみる池田武邦の作法

井川 聡

海鳥社

超高層から茅葺きへ◉目次

三十世紀の古都……215

自然回復の先駆け

よみがえる大村湾

それは、世代も違えば、住んでいる世界もまったく違う、二人の男の出会いから始まった。

一九七二（昭和四十七）年。池田武邦、四十八歳。神近義邦、二十九歳。

日本は高度経済成長の頂点に達しようとしていた。

この年の二月、札幌では冬季五輪が開催され、スケートのジャネット・リンやジャンプの笠谷幸生らの活躍が話題となった。グアム島残留の元日本兵横井庄一が「恥ずかしながら」の帰国を果たしたのは二月二日。

横井が、独りジャングルで歳月を過ごす間、一九六七年に日本設計事務所（現日本設計）を創立した池田は建築家の道をひた走っていた。

その年の春、東京、日本設計の入社試験。面接をしていた池田の前に、ひとりの女性が現れた。紹介状と履歴に目を通す。「長崎県出身」とある。不意に懐かしさがこみ上げた。

「長崎か。大村湾はいいところだよな」

思わずそんな言葉が口をついて出た。

女性はびっくりした様子で、「はい」と答えた。女性の笑顔が、穏やかな大村湾の風景と重なった。池田は、心の窓に春の陽を容れたように気持ちが暖かくなるのを感じた。戦後、一度も思い出すことのなかった景色が突如として脳裏に浮かんだ。

二十七年前の一九四五年四月六日。戦艦「大和」以下、連合艦隊の残存部隊は「一億総特攻のさきがけ」として、沖縄を目指して出撃した。池田はその一員として、軽巡洋艦「矢矧」に乗艦していた。

四月七日午後二時五分、矢矧は米軍機の雷爆撃により撃沈。その十八分後、大和も沈んだ。顔面に大やけどを負った池田は、冷たい海に投げ出された。五時間の漂流後、駆逐艦に救出されて九死に一生を得、佐世保に帰ってきた。

佐世保の海軍病院に入院。やがて傷はいえたが、もはや、帝国海軍に池田の乗る艦船はなかった。池田は、針尾島の方へ、ぶらりと散歩に出た。大村湾と山の緑がまぶしかった。山桜が咲いていた。

「国破れて山河あり、か」

つぶやくように言った。

「それにしても、なんて美しい景色なんだ。もし平和な時代が来たら、こんなところに住みたいな」と、夢のようなことを考えた。ほんの一瞬の記憶だった。それが、入社試験の面接で突然よみがえったのだ。

「不思議としか言いようがない。神様がそうさせたと思っている。この瞬間がなければ、ハウステンボスもこの世に存在しないのだから」

琵琶ノ首鼻

面接の日から一週間ほど後、大村湾沿岸に早くも池田の姿が見られる。池田は弦を離れた矢のように東京から長崎県西彼町《せいひ》（現西海市西彼町）へと飛んでいたのである。

「昔を思い出して大村湾が無性に懐かしくなり、あの美しい海を見に行きたくなった」と、池田は振り返る。

女性の付き添いで来ていた叔父は、すぐに小学校の先生をしている友人に連絡を取った。先生は、以前下宿していた西彼町の名物食堂「菊水」の主人に相談した。

「東京の池田さんという方が、思い出深い大村湾で休暇を過ごせる所を探しておられるそうです。どなたか役に立つ人はいませんか」

「それなら、打ってつけの男がいるよ」。主人は膝を打った。

彼が紹介したのが、神近義邦だった。当時、神近は長崎バイパークの前身のグリーンメイクという会社を経営していた。地元の青年たちの親分的存在で、町長選を仕切って支援する候補を当選させるなど、すでに地元の「顔」だった。

池田が神近宅を訪ねたのは日曜日。神近はテレビを見ていた。

「ごめんください」

「はい、どなた」

廊下を踏み鳴らして神近が玄関に出てきた。

「お休みのところ、突然、ごめんなさい。知人に紹介されてうかがいました」。そういって名刺を差し出す池田。「(株)日本設計事務所　副社長　池田武邦」とある。

(なーんだ、設計屋のおじさんか。でもいったい何の用があるのだろう。)神近は、名刺と池田の顔を見比べ、不審そうな表情を浮かべた。

池田が用件を伝える。神近はどうも腑に落ちない。

「どうして私があなたの土地探しに協力しないといけないのでしょうか」

「その通りですね」。池田は相槌を打ち、丁寧に言葉をつないだ。

「実は、大村湾は私にとって戦友との思い出の地なのです。戦争中、僕は一〇〇%生きて還ることはないと思っていた特攻作戦で、たまたま助けられた。その時に見た大村湾の美しさが忘れられないのです。ぜいたくで土地を買いたいのではありません。ただ、この思い出の地で、ひととき過ごせる場所がほしいのです」

神近の不審は、春風に逢った池の氷のように溶けていった。

神近は一瞬目を閉じ、深く頷いてから再び目を開いた。

「分かりました」

神近は、双頬に微笑を刻んで言った。いったん決断すれば、行動は速い。

大村湾の小さな岬・琵琶ノ首鼻

「さ、車に乗ってください」

神近は池田をマイカーに押し込むと、自ら運転して町内の景勝地を二日間かけてくまなく案内して回った。

「どこでも気に入った所を言ってくださいよ。段取りは全部、私がつけますから」

池田が魅せられたのは、大村湾内の小さな入り江を抱き込むような形をした小さな岬だった。琵琶のような形をしているので、琵琶ノ首鼻という名前がついていた。

「ここがいい。神近さん、ここに決めました」

池田は岬の先端に立ち、波静かな大村湾を飽きずに見つめていた。西彼町風早郷字琵琶ノ首鼻。池田が庵を結んで、妻久子と静かに暮らすことになる場所である。武邦と久子の名前を一字ずつ取り、「邦久庵」。

池田は戦死した海軍兵学校時代のクラスメート全員の命日を手帳に記している。庵で暮らし始めた池田は、その日に合わせて、海に向かって鎮魂の祈りを捧げる日々を送ることになる。
が、それはまだ先の話である。

矢矧との再会

さて、話は邦久庵ができる前の一九六七（昭和四十二）年である。

神近は早速、地主に話をつけ、町の青年たちを動員して、池田が夏休み、冬休みを過ごすためのプレハブ小屋を岬の突端に置いた。この「小屋」、もとは、池田の大学時代の後輩が開発した「スペースカプセル」という名のアルミ製のプレハブ型別荘だった。展示品として使われたものが不要となり、それを池田が譲り受けた。

問題は、そのカプセルを岬の突端まで、どうやって運ぶかだった。当時の琵琶ノ首鼻は自然のまま、道などない。海から船で運搬する方法も考えたが、遠浅で難しい。池田は、どうしようかと悩みながら帰京したが、いったん引き受けたらやり通す神近の行動力は止まらなかった。

神近の号令一下、トラックから下り立った若者たちは、かけ声も軽やかに細い山道を広げ、海岸沿いに新しい道を建設した。海岸線に出っ張って邪魔になる岩は、干潮を見計らって、重機でガリガリと削った。こうして陸側から搬入された「小屋」はクレーンでつるされて、めでたく目標地点に設置された。

次の休みに訪れた時、池田はあぜんとした。

「あらら……。あの自然のままの状態がよかったんだけどなあ」

ひとりごちたが、後の祭りである。ともかく、小さな住処はできた。

「さあ、これで引っ越しもすんだわけだし、ちょっと近所へあいさつ回りに行って来るよ」と池田。

神近はさりげなく言った。

「あ、それでしたら、漁協の組合長の家に、お酒を持って行かれた方がいいですよ」

思わぬ事態が発生していた。神近が削り取った海岸の岩は、地元漁民が漁網をかけるための大切な岩だったのだ。

「だれだ。断りもなく勝手な振る舞いをする輩は」と、漁協はカンカンだった。このトラブルを、神近は池田に報告していない。

何も知らない池田は暢気なものだ。

「地元の有力者なのだろうから、あいさつしておくのは当然だろうな」くらいの気持ちで、一升瓶をぶら下げて、ぶらり、ぶらりと組合長宅へ。組合長宅は岬の付け根のところにある。

神近は、池田の背中を見つめながら、「こってり油を搾られるだろうな」と心配するのだった。

「こんにちは」。組合長宅の玄関は空いていた。

「おじゃましまーす」。中に向かって声をかけると、「はーい」と、遠いところから返事がかえってくる。

ふと、玄関の鴨居の上に目が止まった。額に入った写真が麗々しく掲げてある。

「こ、これは、矢矧じゃないか」

それは紛れもなく、戦時中、池田が乗艦していた軽巡洋艦「矢矧」の雄姿だった。

池田は、海軍兵学校を卒業し、練習航海を終えてすぐに矢矧乗艦を命じられた。一九四三（昭和十八）年十二月の竣工から四五年四月の沈没までの間、航海士、発令所長、測的長と配置は代わったが、ずっと矢矧で過ごした。

今、目の前にある写真は、竣工直後、できたてホヤホヤの時に周防灘で行われた「公試運転」で撮影されたものに違いなかった。池田はこの写真を引き伸ばし、靖国神社で慰霊祭を行った際に遺族や元乗組員に配ったことがあった。この写真もその時に配布した中の一枚と思われた。

写真に気を取られている池田の前に、組合長が姿を見せた。

組合長は、池田の顔をのぞき込んで叫んだ。

「航海士っ、池田航海士ではありませんかっ」

はっとして目を見張る池田。

「航海士っ、覚えておられますか。看護兵曹の浅田です」

浅田善一は早くも目を潤ませている。

「お懐かしい。航海士、よくぞご無事でいらっしゃいました」

岩国航空隊派遣教育で航空服姿の池田さん。珍しい一コマ

浅田はもう戦時中の部下の顔に戻っている。

「さ、さ、どうぞ。むさ苦しいところですが、お上がりください」

池田にもようやく記憶がよみがえってきた。浅田善一は、医務班担当として矢矧に乗り組み、負傷者の手当などに当たっていた。池田も指先を切った時、ヨードチンキを塗ってもらった覚えがある。

「ああ、そうだ、あの浅田さんだね。いやあ、よくご無事で」

池田は、「こんな偶然があるのだろうか、英霊が呼び寄せたのだろうか」と思った。

酒を酌み交わしながら、浅田は、レイテ沖海戦で足を負傷し、シンガポールの海軍病院に入院するため矢矧を下りたことを話した。池田は、レイテの後の沖縄海上特攻で五時間の漂流の後、駆逐艦に救助され、奇跡的に生き残ったことを語った。

「戦闘中は、士官室が応急処置室になった。浅田さんはそこに詰めていた。レイテ沖海戦では、米駆逐艦の砲弾がこの部屋を直撃し、大勢の戦死者を出した。浅田さんもその時に負傷したのです」

昔話に花が咲く。二人は時を忘れた。

浅田は今だから言える、こんな話もした。池田と同期の甲板士官が看護室を巡検する際、指で埃をチェックして、やかましく説教をするので、指で触れそうなところに、わざとアンプルを細かく割って置いておく「仕返し」をやった、と。

地元の有力者とあっという間に昵懇《じっこん》になり、池田はこの土地がますます好きになった。

集落の人はほとんどが浅田の親類か知り合いで、皆、「池田先生、池田先生」と親切にしてくれた。生きたナマコや取れたての野菜を届けてくれる人もいた。

「え、岩を壊された話? そんなもの全然、ひとっ言も出なかったよ」

意気揚々と小屋に戻ってきた池田。

神近は怪訝な顔をしている。内心は、二時間たっても三時間たっても帰ってこない池田の身を案じていた。しかし、何も聞かない。

「大物ですよ、神近さんは。けろっとしているんだから」

戦後、人々がそれまでの伝統的な価値観を弊履《へいり》のごとく捨て去ったのを体験して以来、池田は「世間の尺度」というものを全く信用していなかった。自分が直接見たものしか信じないが、いったん信じたら、とことん付き合う。

神近にも、そういうところがあった。

神近は言う。

「人と人との出会いは不思議です。初対面の、出会った瞬間に心と心が触れ合い、五分、十分話すうちに、すっかり意気投合してしまう。理屈じゃない、心で感じるのです」

二人には、世代を越え、男同士、相通じるものがあったようだ。以後、池田は年に三、四回、休暇のたびに「小屋」を訪れるようになる。神近が国鉄早岐《はいき》駅や大村空港まで出迎えた。毎晩のように、神近とその仲間たちが集まって宴会が催され、囲碁、麻雀、腕相撲などに興じた。酒も、勝負事も、神近にかなうものはいなかった。

「東京では、コンピューターと格闘する毎日だったので、神近さんや地元の人たちとふれ合い、素晴らしいエネルギーをもらいました。神近さんは私心のない、人生意気に感じてまっしぐらに動く人。だから、いつも周りにたくさんの人が集まっていました」と池田は振り返る。

ひょんなことから大村湾との再会を果たした池田。そこでの神近との出会い。この後、二人で手を携えて、途方もない巨大プロジェクトに突き進んで行こうとは夢にも思っていなかった。

盟友・神近義邦

ハウステンボスは、神近義邦が起案し、池田武邦が設計した。ロマンチスト神近の夢にリアリスト池田が輪郭をつけ、さらに神近の実行力がそれを形にしたといえるだろう。

神近は言う。

「ハウステンボスが成功したかどうかなんて、千年後にしか分かりませんよ」

なんというスケールの大きさだろう。

池田と出会うまでの神近について紹介しておこう。

神近は太平洋戦争開戦の翌年、一九四二（昭和十七）年八月二十一日、長崎県西彼町に生まれた。勝海舟義邦の名をもらい、義邦と名付けられた。中学卒業後、家計を考えて就職しようと考えていたが、母が進学を強く勧め、働きながら学べる西彼農業高校定時制に通った。卒業後、西彼町役場に就職。傍ら、土地を借りて花の栽培に精を出した。朝早く起きて、出勤前に手入れをし、夕方も日が暮れるまで畑で過ごした。

神近義邦さん

「役場勤めと農業の二束のわらじをはいて、一日も休まず夜遅くまで働きました」と、神近は回顧する。

一九六五年、長崎は大旱魃に襲われた。神近は当時、十四万本の菊を栽培しており、毎晩、池に水をくみに行っては、懐中電灯を口くわえて菊に与えた。他の畑が大損害を受ける中、神近の菊はすくすく育ち、飛ぶように売れた。

一九七三年、神近は役場を退職して町長選の選挙参謀となり、収入役を押し立てて当選させた。

このあと、東京・永田町の高級料亭「一條」の経営に参加、敏腕をふるって再建に尽くす。

上京までの経緯は、ざっと次の通りだ。

神近が町長と対立して長崎県地方課に出向していた一九七一年、西彼町内の広大な土地が「一條」に買い占められていることが判明した。西彼町は、長崎県の拠点都市である長崎市と佐世保市のちょうど中間にある。県は乱開発を警戒して、買収から手を引くよう「一條」と交渉することにした。その折衝役に指名されたのが神近だった。

神近は一條の女将、室谷秀《むろやひで》を相手に交渉を開始した。

室谷は一九〇〇（明治三十三）年、和歌山県の大地主の家に生まれた。敗戦後、陸軍中将夫人の身で、新橋の靴磨きから料亭の女将となった伝説的人物で、その半生は、作家・宇野千代が書いた『ママの話』（中央公論社）に詳しい。

「小柄できゃしゃ、しかし気性の激しい女性で、ずいぶんと鍛えられました」と神近は懐かしむ。

「一條」は参議院議員会館のすぐそばにある地上三階、地下一階の料亭で、政財官界の客でにぎわった。田中角栄も常連の一人だった。当時は、列島改造ブーム。室谷はお金を借りられるだけ借りて、全国の土地を買い漁った。その一つが西彼町の土地だった。

しかし、行政は目的のはっきりしない土地取得を認めない。室谷は困り顔で神近に泣きついた。

「お役所の難しい手続きなど何も知らずに土地を買ってしまったのよ。何に使えばいいのか考えてくださいな。西彼町は神近さんの古里でしょ」

神近は故郷をこよなく愛する男だ。

「分かりました。任せてください」と、胸をたたいて承知した。

神近は動物公園、釣堀、観光果樹園などをつくる計画を立案、工事は着々と進んだ。

ところが、一九七三年暮れのオイルショックで土地ブームはたちまちにして去り、室谷は莫大な借金を抱えることになった。料亭の経営も火の車となった。

「申し訳ありません」。室谷は畳に頭をこすりつけて謝った。

神近はすでに工事代金四千万円を費消してしまっている。

「どうしてくれるの、女将さん」

「何とか力を貸してくださいな」

「僕だって、ない袖は振れませんよ」

途方に暮れた二人は、田園調布に住むミネベアグループの総帥・高橋高見に泣きついた。高橋は室谷の娘婿で、従業員数十人の日本ミネチュアベアリングをM&Aによって一代で上場企業ミネベアに成長させた企業家であった。

「万策尽き、あなたに頼むしか方法がありません。お願いします」。繰り返し訴える神近。

「帰れ」と、高橋から何度どやされても立ち上がらない。高橋の怒声は延々続いた。

やはりだめか、とあきらめかけた時、高橋は急に、ふっと表情を和らげた。

「おい、神近君とかいったな」

「はい」

「君、いっそ東京へ出て来ないか」

「えっ」

「君が一條を立て直したらどうだい。その金を長崎に送ればいいじゃないか」

「無理です。私のような、経験もない田舎者に。そんなことできるわけありません」

「神近君よ」

高橋は諭すように言った。

「最初からプロという人間はいないんだよ」

神近はハッと目が覚めた気がした。

「そうか。最初は皆、素人なんだ。それでいいんだ」

決心すると、早い。直ちに荷物をまとめて上京し、料亭の経営立て直しに乗り出す。

一條は、仲居さん、板場、帳場、玄関番合わせて七十人あまり。歩合制などの新しいシステムを導入して従業員のやる気を引き出し、創業以来の売り上げ記録をつくっていった。

神近は一條の売り上げを十七か月連続で伸ばした。その手腕を高橋に見込まれ、一九七五年、ミネベアグループのホールディングカンパニー「啓愛社」の取締役に就任する。当時三十三歳。朝、ミネベアに出勤し、夕方、一條に移動、帰りは深夜。土曜日の最終便で長崎に帰り、日曜日の最終便で東京に戻る。こういう生活が十年間続く。

神近はこの間、一條で政財界の大物たちと親しく交わり、その人脈がその後に生きてくる。

「田中角栄先生、大平正芳先生、河本敏夫先生、春日一幸先生……。あのころの政治家は国の行く末を真剣に考えていました。官僚も立派でした。一番かわいがってくれたのは田中先生でしたね。先生は仲居さんだけではなく、下足番や玄関番にも心づけ（チップ）を忘れない人でした」と思い出を語る。

神近は田中角栄の教えを今もしっかり守っている。田中はこう言ったという。

「神近君、時間をつくるには、仕事が入ったら即断即決、その場で解決することだ。あとでやろうと後回しにするから仕事に追われ、自分の時間がなくなるんだよ」

新宿三井ビル五十階で

神近が「一條」の女将・室谷秀に、池田を紹介した時のことである。池田と名刺交換した室谷は、「神近、あの人はただ者じゃないよ」と耳打ちした。

「そうですか。前から付き合っていますけど、麦わら帽子の似合う、ただの設計屋のおじさんですよ」

「いや、違う」。室谷は断じた。

それでは一度、池田の事務所に行ってみよう、ということになり、連れ立って日本設計事務所を訪ねた。超高層ビルが林立する東京・新宿の副都心。目指す事務所は新宿三井ビルの五十階にあった。案内されて、池田の待つ役員応接室へ。

神近は仰天した。

「ここが、先生の事務所？」

「そうだよ」

「先生が設計されたんですか」

「うん、うちの会社でやった」

「あの、隣の京王プラザもですか」

「そうだよ」

神近はこの時、五十五階建ての三井ビルすべてが日本設計のものだと思った。実際には、四十九階と五十階のツーフロアが事務所スペースだったのだが……。

役員応接室の入り口で、三井不動産の江戸英雄に、ぱったり会った。江戸は三井グループ最高指導者の一人で、世界不動産連盟会長などを歴任。東京ディズニーランド、2×4工法住宅の普及などの業績で知られる人だ。

「うわぁ、江戸さんが来てるよ」。驚く神近。

「ほら、みろ、神近。私が言った通りだろ。お前は人を見る目がないから、これからは私の言う通りにしな」。室谷は笑った。

神近は万事この調子だった。人を肩書や地位で見ることはなく、損得抜きで、人と付き合う。だから、時々、西彼町に遊びに来る池田が、これほどの人物だとは知らなかった。

池田は言う。

「あのころの神近さんは、本当に素朴な青年という感じでした。ちゃんと背広を着て、ネクタイをしているんだけど、どこか田舎っぽい。でも、みるみる変わったねぇ」

長崎バイオパーク誕生

さて、神近が上京する発端となった西彼町の土地利用の話はその後どうなったのだろうか。

神近は、地元の青年たちと一緒に農業法人「グリーンメイク」を設立、土地を「一條」から買い戻して、観光農園をつくった。栗、柿、無花果、巨峰を植え、釣堀を設けてみたものの、交通の便が悪く、近隣に観光地があるわけでもなく、事業は頓挫してしまった。

それならば、と逆転の発想で生まれたのが「長崎バイオパーク」だった。神近は、人里離れた原野という不利な条件を逆手にとって、動物たちを放し飼いにすることを考えた。

一九七九（昭和五十四）年十一月十四日、長崎バイオパーク、オープン。神近はミネベアに籍を置いたまま、バイオパーク社長に就任した。

ホームページによると、施設の概要は次の通りである。
監修　故・近藤典生　東京農業大学名誉教授
設計　株式会社日本設計
総面積　約三十万平方メートル
飼育動物　約二百種　約二千点
栽培植物　約千種　約三万点
「当時の動物園は動物たちを檻や柵の中に囲って人間だけが楽しんでいましたが、バイオパークでは、人間と動物が同じ空間で、同じ自然界の一員として楽しめるようにしました」
神近は、檻や柵を可能な限り減らした。これが当たった。オープン当日、駐車場は朝から満杯となり、長崎市や佐世保市からのアクセス道路となる国道206号線も渋滞した。園内のレストランはつねに満席、水が足りなくなってトイレが一時使えない状態になるなど、うれしい悲鳴が上がった。
予想を大きく上回る集客力だった。神近は、「本物」の持つ力を思い知った。園内には、キリン、シマウマ、サイ、カバといった定番の大型動物もいるが、それ以上に人気を集めているのは、ラマ、

長崎バイオパークの人気者カピバラ（長崎県観光連盟提供）

カピパラ、リスザル、フラミンゴ、ワラビーなど、直接触ったり、えさを与えたりできる動物たちだ。

生き物とのふれあいを通して、多くの人に自然の尊さを伝える長崎バイオパーク。「人と自然の調和」というコンセプトは、この後、長崎オランダ村、ハウステンボスへと受け継がれていく。

風車のアイデア

一九八二（昭和五十七）年春。五百円硬貨の発行が始まったばかりのころである。

ジリジリリーン。神近の勤務する東京・啓愛社の卓上電話が鳴った。

「相談に乗ってくれんね」

かけてきたのは神近の西彼町役場時代の先輩・平井勇。「無法松の一生」を歌わせたら天下一品の熱血漢であった。平井は父の代から続く料亭「松乃井」の経営を妻に任せ、役場で土木関係の仕事をしていた。相談は、その松乃井の改装計画についてだった。

「店を広くしたいんだよ。一階をドライブインスタイルの生け簀料理屋にして、二階に宴会場をつくりたいんだけど」

「うん、分かった。会って話そう」

俊敏な神近は二つ返事で週末に帰郷、平井と話し合いの場を設けた。

松乃井は国道２０６号線沿いにあり、波静かな大村湾に面し、眺めもいい。ドライブインには打ってつけの立地だった。

「なんとか松乃井が商売繁盛する方法はないか」。神近は思案した。

バチン、と電気がスパークするように何かがひらめいた。

「うん、あれだ」

「何、何？」。平井がせかす。

「平井さん、風車だよ。風車をつくったらどうだろう」

「風車か、そりゃいいや」

気の早い平井は、説明も聞かず、乗り気だ。神近は、以前、長崎バイオパークの料金所に風車を置き、大当たりしたことがある。

「客の目を引くには、動くものでないとだめなんだ。大きな風車を回して客を引き込むんだよ」

平井と話すうち、神近の頭の中には、ドライブイン改装計画にはとどまらない、壮大な夢が広がってきた。それは、目の前に広がる大村湾を地中海に匹敵するリゾートにする、というものだった。

神近は姿勢を正し、ゆっくりとした口調で話した。

「平井さん、店の改装なんてやめて、僕と一緒にオランダ村をつくろう。あなたはそこで、和食レストランと宴会場をつくって商売したらいい。オランダ村にお客がたくさんくれば、あなたの店ももうかるはずだ」

「風車、オランダ村……」

平井の目が輝いた。

「やろう。おれももうすぐ五十歳だ。役場をやめて商売に本腰入れるよ」

「ま、ちょっと、待って。今、詳しく話すから。僕の計画を」

それは、三年前の欧州出張がきっかけだった。

啓愛社取締役とミネベアグループ全体の不動産部長をしていた神近は、オランダでの商用を終え、南仏・ニースの海岸で、束の間の休暇を楽しんでいた。一九七九年夏のことだ。

神近の目の前には陽光きらめく地中海が広がっていた。取引先が所有するクルーザーが陽光を浴びて快走する。神近はデッキに座り、帆を張って行き交うヨットを眺めている。

「エコノミックアニマル」と日本人の働き過ぎが揶揄されていた時代。神近は、別世界に足を踏み入れたようなまぶしさを感じていた。

クルーたちと海岸沿いのレストランでの夕食をとった。手長海老、ロブスター、ムール貝……。テーブルの上には新鮮な魚介類が山のように積まれている。大いに食べ、大いに飲んだ。

「ミスター神近、地中海はお気に召しましたか」。フランス人の船長が得意げに聞く。

「素晴らしいですね」。神近は大きくうなずく。

「日本にはこんな海がありますか」

神近はすかさず、「ありますとも。私の生まれ育った長崎には、大村湾という実に美しい海があります」と応じた。

「ほう、日本にもこんな所があるのですか」

船長はあっけにとられている。

「それは、大勢の人が来るでしょうね」

「いえ、それが、ちっとも人が来ないのです」

「なぜ」

「知らない人が多いのです。それに、日本人は働くばかりで、楽しみ方を知らないから」

「どうして?」

船長はしつこく質問してきたが、神近はそれ以上答えることができなかった。

実際、景色について言えば、九十九島や大村湾を見ているから、地中海といっても、そんなに驚きはしなかった。ただ、クルージングを楽しめるような環境はまったく整備されていないのは事実だった。

夜、ホテルのベッドに入る。

心地よく酔った頭に浮かんだのは、地中海と大村湾がひとつに重なった光景だった。風を受け、帆をいっぱいに張った船が波静かな大村湾を航走している。夢心地で深い眠りに落ちた。

出張先のオランダでは、干拓地を歩き、博物館を訪れた。そこで神近は四百年も前から図面通りに町をつくっていたことを知り、大きな衝撃を受けた。

「なあんだ、町は図面を引いてつくれるんだ」

帰国する飛行機の中で、神近は心に決めた。

「いつの日か、大村湾に現代の出島をつくるぞ」

オランダ村計画の始動

「大村湾に面した国道沿いという好立地。それに敷地が三千坪もあるというのが魅力でした」

神近の夢は、平井が持ちかけた料亭「松乃井」改装話をきっかけに、一気に現実味を帯びてきた。

平井が早々に役場を退職したと聞いて、神近は松乃井に様子を見に行った。すると、坊主頭にねじり鉢巻きの平井がブルドーザーを動かし、石垣をガリガリと削っている。

「何してるんだ！」

神近が大声で尋ねる。

「風車をつくるんやろ。取り壊し始めたところたい」

平井の底抜けの笑顔に、神近はあぜんとした。

「ちょ、ちょょっと待ってくれよ。設計図もないのに、風車なんてできないよ」

「あっ、そうか」

「だれかに設計をお願いしないといけないな。あ、そうだっ、あの、おじさんに頼もう」

池田の顔が浮かんだ。平井も大きくうなずく。

「うん、うん、あの先生ならよか」

神近は池田を誘って何度か松乃井に食事に行ったことがあり、平井も池田とは面識があった。

神近は平井を伴い、上京した。あの、新宿三井ビル五十階の日本設計事務所へと向かう。大きな風呂敷包みには、ワタリガニなど地元の海産物が土産としてどっさり入っている。

平井の坊主頭と派手なネクタイが、インテリジェントなオフィスビルで異様に映ったのだろう、警備員がじろりと二人をにらみつけた。何か言おうとして後をつけてくる警備員を無視して、二人は足早にエレベーターに滑り込んだ。

池田は役員応接室で待っていた。

「先生、私、ミネベアを辞めて郷里《くに》に帰ることにしました」

「それはいい、神近さんには長崎が似合うよ」。池田は喜んだ。

神近は、料亭のドライブインへの改装計画について説明し、「つきましては先生、設計をお願いできますか」と聞く。

「ぜひとも、先生にお願いします」と平井が畳み込む。

急な申し出だったが、二人の熱意に打たれた。

池田は、「分かりました」と答えた。

「先生、それで、ご相談なんですが……」

神近が言いにくそうな顔で聞く。

「何ですか」

「実は、設計料が全然ないんです」

「大丈夫、心配ないよ。プライベートでやってあげるから」

「ありがとうございます」

深々と頭を下げる二人。

池田は、軽く受け流して、「な一に、設計料なんて、お坊さんへのお布施のようなもの。金持ちはたくさん、貧乏人はそれなりでいいんだ。事業が成功したら、いただくよ」と励ました。

かくして、設計料は、神近の出世払いとなった。

「あのころ、日本設計が取り組んでいるプロジェクトは、最低でも数十億円だった。平井さんの店の増改築は確か、三千万円から五千万円くらいの見積もりだったと思う。とても、会社として引き受けるような案件ではなかった」と池田は振り返る。

この時、池田の頭の中には、まだオランダ村のオの字もない。日本設計社長として世界を相手に、ひたすら忙しい日々を送っていた。長崎県のはずれにある料亭の改装話がその後、長崎オランダ村、ハウステンボスへと、途方もないプロジェクトに発展していくことになろうとは、夢想だにしていなかった。

伝統にこだわる

神近が描いた一つの夢にすぎなかった「長崎オランダ村」は、池田が設計を引き受けたことで、実現への光明が差してきた。

神近から構想を聞いた池田はなかなか面白そうだと直感し、「とにかく一度オランダを見ておこう」と思った。池田は一九七六（昭和五十一）年、日本設計事務所社長に就任。以後、パラグアイの職業訓練センター、ボリビアの消化器疾患センター建設など活動の場を世界に広げていた。

オランダ訪問の機会は意外に早く巡ってきた。国際協力事業団（ＪＩＣＡ）の仕事でケニア・ナイロビへ出張する話が浮上。池田は日程を調整し、オランダに立ち寄る計画を立てた。

ロッテルダムに海軍兵学校時代のクラスメート（七十二期）がいた。三光汽船に勤務し、支店長をしていた。早速、連絡を取り、「オランダで最高の建築物をリストアップしておいてくれ」と依頼した。

旧友が案内してくれたのは、ロッテルダム郊外の集落だった。茅葺きの農家と三つの風車。

「ほう、これがオランダか」。池田は感心した。自然に溶け込み、調和の取れた美しい風景だった。ポルダーによってつくられた人造の国というイメージとはずいぶんと違っていた。

池田は農家の写真を撮った。この時撮影した家が、長崎オランダ村最初の建物のモデルとなる。

池田は、田園地帯を歩き回った。

「とにかく古いものを大事にしていることに驚いた。日本と全然違う。ある農家の主人は、これは、おばあさんのお父さん（つまり曾祖父）が座ったイスなんだ、と得意げに語ってくれた。古いものが自慢のタネになるのです」

興味は大好きな船にも及んだ。

「休日には、千石船や伝馬船に似た帆船が、ワーッと海を埋め、レジャーを楽しんでいる。ここでも古いものが誇りなんですね。歴史が脈々と生きているのを実感しました」

すっかりオランダが気に入った池田は以後、機会あるごとに時間の許す限り、何度も足を運び、写真を撮り、専門家の話を聞いた。池田のオランダ訪問は、長崎オランダ村、ハウステンボス両計画を通じて三十回を超える。

池田は振り返って言う。

「アメリカやヨーロッパで、日本建築だと言って日本庭園や茶室をつくる。案内されて行ってみると、確かに日本の茶室に似ているけれど、提灯が韓国のものだったり、屛風が中国のものだったりする。僕らは、それをジャポニカスタイルと言って軽蔑していた。だから、自分がオランダ建築をやる時には、オランダの真似をするだけでは絶対にだめだと思って、徹底的に調べた」

どこがドイツと違うのか、どこがベルギーと違うのか。「一見オランダ風」を排するため、池田はオランダの歴史に根ざした建築を追い求めた。

新しい街を創造するのだから、最先端の文化、真新しい技術に飛びつくのがふつうであろう。だが、池田は徹底的に伝統にこだわった。温故知新である。その方針を貫いて設計されたのが、長崎オランダ村であり、ハウステンボスであった。だから、いつまでも色あせず、年を経るほどに魅力が増してくるのである。

池田は、オランダ政府に都市計画家や建築家を紹介してもらい、時代や地域による建築様式の違いについてアドバイスを受けることも忘れなかった。オランダ政府側も「まがいものを作ってもらっては困る」という姿勢で、全面支援してくれた。

「海のものとも山のものとも知れぬ者を、黒塗りの車で送迎してくれて、行く先々で手厚く歓迎してくれました。日本では考えられないことですが、貿易立国として、国益を考えた正しい行動だと思う。きちんとした本物をつくって、オランダ文化を日本に伝えてほしい、という気持ちが伝わってきましたから」

課題は、「いつの時代のオランダを再現するのか」だった。

検討の末、オランダが一番輝いた十七世紀の大帆船時代に照準を合わせることにした。気に入った煉瓦敷きの舗装道路の写真を撮って、設計図に書き入れようとした。確認のため、オランダの専門家に見せると、「これは十八世紀の様式です」と指摘された。こうしたフィードバック作業を繰り返した。

現地調査で得た最大の収穫は、「オランダの伝統建築の本質は、その土地の風土に調和し、自然の摂理に基づいてつくられている」ということだった。それは、自らの目指す建築理念と合致していた。

話は脇道にそれるが、一九九〇年秋、池田がアムステルダムのホテルで、作家・司馬遼太郎と知り合った逸話を紹介しておきたい。

「神近さんに先行してオランダ入りし、地元のヨットレースに参加した直後のことだったと思う。司馬さんは取材旅行中でした」

司馬は『街道をゆく』の「オランダ紀行」で、池田との出会いを次のように書いている。

ホールンから帰った翌朝、アムステルダムのホテルの一階ラウンジで、日本の初老の紳士に遭った。

話しているうち、

「今度の旅では、ニシン船のレースに参加しました」

と、その人がいった。いかにも海好きの人らしく、潮焼けしている。

(中略)

毛糸のスウェーターで粗っぽく包んだ体が、帆船時代の水夫長みたいにがっちりしている。

「海軍にいたんです」

古い話である。いま六十半ばということになる。

どうやら海軍兵学校出身の士官だったようで、となると、私とさほど齢がかわらないはずなのだが、筋骨のできぐあいがちがう。

名刺をもらうと、株式会社日本設計事務所　代表取締役社長　工学博士　池田武邦とある。

「オランダ人は、いい筋肉をもっていますね」

と、池田博士はいった。


「初老の紳士と書かれたのには参ったね。壮年ですよ、まだあのころは」と、池田は苦笑する。

「ともかく、お互いの身の上を話すうちに同年代と分かり、帰国後も交流するようになった。司馬さんは陸軍の戦車隊にいたそうですが、大の海軍好きで、日本海軍は日本人の大きな文化遺産だと言っておられたのが印象に残っています」

池田と司馬のオランダ観は、まったく同じであった。

再度、司馬の『街道をゆく』から一文を引用する。


湖がわの岸を歩いてみた。いっさいコンクリートがつかわれておらず、スイスやドイツから買ってきた自然石で築かれている。

自然石が一番つよいというのが、オランダ人という二千年の土木屋さんの知恵なのである。

（中略）

岸辺に水鳥が多いのは、魚が多いせいだろう。コンクリートだとプランクトンが繁殖せず、プランクトンが少ないと魚は育たない。オランダ土木における自然石主義には、生態系のことが配慮されている。

これこそ、長崎オランダ村、ハウステンボスを貫く思想である。

司馬と池田。同世代の二人は同じ時期にオランダを訪ね、同じことを感じ取った。一人は、その感動を紀行文として後世に残し、一人は、その思想を建築物として再現してみせたのである。

神近、捨て身の金策

神近が机上に置いた人形をにらみつけ、考え込んでいる。オランダ土産の陶器製の人形。池田の妻・久子が、夫のオランダ現地調査に同行した際、買ってきたものだ。民族衣装を着たかわいらしいオランダの男の子と女の子がキッスのポーズを取っている。神近は、これを毎晩眺めながら、長崎オランダ村の構想を練り上げている。

「ところで、神近さん、お金は大丈夫なの?」

池田は調査を進めながらも、神近の資金繰りを案じていた。土地は平井勇から借り、設計料は出世払い。計算では、オープンのために必要な資金は二億五千万円。

神近は、地元の親和銀行支店長に相談を持ちかけた。

「担保がないと無理ですよ。担保がなければ、しっかりとした保証人を立てる必要がありますね」

と、支店長は当然ながら、つれない返事だった。

担保なし、保証人なし。ないない尽くしの神近が訪ねた先は、長崎バイオパーク会長で、県観光連盟会長でもある長崎自動車社長の松田皜一だった。

「長崎自動車で何とか会社保証ができないものでしょうか」

神近が恐る恐る切り出すと、ふだんは温厚な松田が烈火のごとく怒った。

「君は、私の曾祖父が十八銀行の創立者だということを知らないのかっ。私の父は十八銀行頭取だった。私は現在、監査役だ。いまの頭取はうち（長崎自動車）の役員でもある。その長崎自動車がなぜ親和銀行の保証をせんばいかんのかっ」

佐世保市を本拠とする親和銀行と長崎市に本店を置く十八銀行は、長崎県下で覇権を争う宿命のライバルであった。松田が憤慨するもの無理はなかった。神近は顔を真っ赤にして退散した。

空しく時間が過ぎていく。妙案は浮かばない。

再度、親和銀行の支店長を訪ねると、「そしたら、会社保証ではなくて、個人保証ばもらわんですか」と言う。

「そう簡単に言われても、二億五千万円の個人保証を頼めるような親しい間柄ではないし……」

頭を抱えつつも、捨て身で一歩前に足を踏み出すのが神近の真骨頂である。決死の形相で、長崎自動車を再訪し、「社長の個人保証を」と頼み込んだ。

応接室で返事を待つ。居ても立ってもいられない。

しかし、この日の松田はいつもの温顔だ。表情を変えずにこう言った。

「書類は持って来とるとね」

神近は鞄からサッと書類を取り出し、テーブルの上に置く。松田は何も言わずにサラサラと署名し、捺印した。

「印鑑証明もすぐに取り寄せるから」

神近の熱意が、代々銀行家の松田家の家訓「他人の保証人にはなるな」を打ち破った。神近の眼鏡が涙でくもった。

「会社保証を断わった時に、個人保証なら受けようと決心されていたのだと思います」と、神近は振り返る。

神近は長崎自動車を出ると、その足で近くの生命保険会社に入った。

「三億円の生命保険に加入したいのですが」

クリニックで検診を受け、即日契約。保険証書が届くと、念書をしたため、印鑑証明を添えて、松田に届けた。念書にはこう記した。

「松田皜一　殿
　私の生命に万一のことがある時、この保険金で借入金を返済し、あなたの個人保証を抜いてください。

神近義邦　印」

松田は後にこう述懐している。

「神近君は、単身飛び込んできて身体全体でぶつかってくる威勢のいい青年だった。これはひょっとすると、長崎の発展にとって何かをやるのではないか。そんな予感を感じさせるものを持っていた。過去の遺産に安住している長崎には彼のような人物が必要だと私は思ったのです」

（上之郷利昭『ハウステンボス物語』より）

神近から顚末を聞いた池田は、その剛胆ぶりに感心する一方、オランダ建築研究に一段と熱を入れるのだった。

海からの視点

青い。磨きぬいたような紺青の海が、まばゆいばかりの陽光を吸い取っている。池田は静かに目を閉じて、その深い青さを味わった。

大村湾に面した西彼町の長崎オランダ村建設予定地。

「自分の古里の海を汚してまで金もうけをするプロジェクトなら、僕の手伝う意味はないよ」

池田がぴしゃりと言う。

神近は唇を一文字に結び、憮然としている。

池田は長崎オランダ村の設計を快諾したものの、「排水を海に流すのは厳禁」と主張し、神近に浄化槽を設置するよう求めた。何とかコストを抑えて事業として成功させたい一心の神近は、「それでお客が来るのですか」と反論した。西彼町の快男児、神近義邦は稀代のロマンチストであるが、一面ではしっかりとした現実主義者であった。

結局、両人黙りこくったまま、てこでも動かない。

池田はついに最後通牒を突きつけた。

「それでは、僕は、手を引くしかないな」

長崎オランダ村の建設予定地は、大村湾という奥行きの深い閉鎖海域の、さらに奥まった入り江に面していた。

「この海岸線をいじると、貴重な生態系が壊れてしまう」。現地調査をした池田は危機感を持った。

「腕に注射針を刺しても自然に治癒するが、目玉に刺すと失明する。陸と海の境目にある水辺は、そういう敏感な、生命をはぐくむ非常にデリケートな環境下にある」

池田は、自然の入り江をそのまま生かし、海からアプローチする施設にするという構想を練った。

「僕は船乗りだったから、基本的に海から陸を見る。そうすると、松乃井は入り江の一番奥の抜群にいい位置にある。だから、海を表、国道側を裏とみて設計したい、と提案したのです」

しかし、神近や松乃井オーナーの平井勇には、海からアプローチするという発想はなかった。

「神近さんたちとっては、生まれ育った慣れ親しんだ土地、あまりに当たり前すぎて、この海の素晴らしさに気づかなかったのでしょう」

事実、国道から見ると、裏手になる入り江には、ビールの空き缶やお菓子の包み紙などのごみがたくさん捨てられていた。

大坂、堺、江戸……。かつて日本の主要都市の多くは港町であり、動脈は船だった。ところが、戦後、アメリカ型の車社会になって、日本の歴史や風土とは無関係な、大陸の町づくりが進んだ。

「佐世保や長崎も港町なのに、全然、港を町づくりに生かしていない。東京湾や博多湾の埋め立ても、どんどん陸側から海を侵してしまった。都市計画をやる人が皆、陸からの発想になってしまったからだ」

池田は、神近に何とか海からの視点を分かってもらいたいと思った。

「陸の施設を大事にして汚水をどんどん海に流す。それは、全部、跳ね返ってくる。自然界はすべて循環しているから、海を汚せば、結局、陸が汚れる。だから、僕が引き受ける以上、陸に施設をつくっても、下水処理を徹底的にやって、海を汚すことは一切させない」

エコロジーか、エコノミーか。神近は腕組みをし、考えぬいた。

「そうだ、それしかない」

神近は腹をくくった。

「エコロジーか、エコノミーか、二者択一で考えるから堂々巡りになる。両立させればいいんだ」

数日後、さっぱりとした表情で、池田の前に現れた。

「池田先生、分かりました。先生の言う通りにやりましょう」

それだけ言うと、きびすを返して出て行った。

長崎オランダ村は、当初の計画を見直し、全施設を自然と調和させるという設計方針で動き始めた。

「さあ、大変なのは、これからだ」

池田が提案する浄化槽を設けるには、何かを削って収支を合わせなければならない。当時、細々とした計算まで全部一人でやっていた神近は、不眠不休で立案に当たった。神近は自説を曲げて妥協する人間ではない。しかし、いったん腑に落ちたら、それを自分のものとして行動する。

「そこが偉いんだよ」と池田は言う。

今、環境問題の深刻化によって、人類は自己の役割の大きさに気づき、人と自然のかかわりを見直そうとしている。池田は、長崎オランダ村計画への参入以前から、それを自覚していた。二十世紀の近代技術文明の落とし穴に気づき、それをいかに超えるか、ということを考えていた。神近も、それを直感的に悟り、咀嚼《そしゃく》して、マネジメントという形でかかわっていった。

長崎オランダ村はこうして、人類の環境問題を正面からとらえた先駆的プロジェクトに発展していく。

「長崎と言えばオランダ、オランダと言えば風車、式の連想ゲームですよ。偶然の出会いから意気投合して、まるで弥次喜多珍道中のようだったなあ」

池田は懐かしそうに目を細める。

原点は、池田が見てきたオランダの風景だった。

「神近さんは、僕がオランダでヨットに乗って遊んでばかりいると言ってましたが、僕はヨットで寝泊まりしながら、海から陸を見て、オランダの町づくりが海からの視点を大切にしていることを学んでいたんですよ」

プリンス・ウィレム号

穏やかな大村湾の入り江、ゆっくりと回る風車――。長崎オランダ村は一九八三（昭和五十八）年七月二十二日、開園した。

オープニングセレモニーは盛大だった。オランダの外務大臣エーケレン、駐日大使フットハート両氏をはじめ、多数の関係者が来賓として出席した。エーケレンが祝辞を述べるため、ひな壇へ。彼は手にしていた船の模型を高々と掲げ、列席者に見せた。

「みなさん、これはオランダ国からの贈り物です。十七世紀世界最大の帆船プリンス・ウィレムです」

プリンス・ウィレムは一六五一年に建造された十七世紀最大最強の武装商船である。オランダ東インド会社に所属し、一六五二年の第一次英蘭戦争では海軍の旗艦として活躍。戦後再び貿易船としてオランダ―バタビア航路に復帰した。全長七十三・五メートル、高さ五十六・五メートル。マストは三本。船名には、オランダ建国の父ウィリアム一世の孫にあたるウィレム王子の名前を冠し、船首にライオンの飾り、船尾にウィレム王子の彫刻が施してある。日本で言えば、戦艦「大和」のような船である。

思いがけないプレゼントに、神近は感激した。

「へえー、オランダにはこんなシンボルがあったんだ」

神近の目が光った。その目が青空をぐっとにらむ。

「これだっ」

神近は、エーケレンのもとに駆け寄った。

「大臣、大臣」

「何でしょう、ミスター神近」

「大臣、オランダでこの船の本物をつくることは可能でしょうか」

「実物大、ということですか」

エーケレンは目を丸くしている。

「そうです。そっくりそのまま復元できる技術がオランダにはありますか」

「ウーム、そうですね」。首をかしげるエーケレン。

「やはり、難しいですか……」。神近の顔が曇る。

「いえ、たぶん、大丈夫でしょう。しかし、ミスター神近、もし、復元できたらオランダ人は大喜びですよ」

「そうですか。分かりました。必ず、やります」

神近は目を輝かせ、きっぱりと言った。

エーケレンも乗ってきた。

「では、帰国したら早速プロジェクトチームをつくりましょう」

即座に約束し、取り巻きを驚かせた。

だれかが神近の袖を引いた。

「なんだ」

「社長、金、金、資金調達はどうするんですか」

常務の高田征一が耳元でささやく。高田は長崎放送の関連会社・オランダ商会の元常務で、日本一オランダに詳しいと言われていた男。神近がオランダ村の営業責任者として引き抜いた。

「ム、金か。まあ何とかなるさ」

「西海橋はどうするんですか」

「西海橋？」

怪訝な顔で振り向く神近。

「西海橋がどうしたと言うんだ？」

「くぐれるんですか。大きな帆船があの橋の下を」

「あっ、そうか。うん、でも何とかなるさ。後で検討しよう」

神近は前に進むことしか考えていない。

十七世紀の巨大帆船プリンス・ウィレムを復元し、長崎オランダ村の目玉にする――。神近のひらめきは、あっという間に大きな波紋となって広がった。

オランダ村のオープニングセレモニー会場で、神近の提案を受けたエーケレンは、帰国するや否や、復元計画をぶち上げた。オランダ国民は沸き立った。オランダ繁栄のシンボルであるプリンス・ウィレム復元は、国民の大きな夢だったのだ。

建造を具体化するためのプロジェクトチームがつくられ、その調査報告書が神近のもとに次々とファクスで送られてきた。神近は、常務高田征一とともにオランダに飛んだ。船に詳しい池田も久子夫人を伴って同行した。

一九八三（昭和五十八）年十月二十日、成田発のＫＬＭ便。一眠りした後、機内では神近が到着後の段取りに気を配っていた。

「高田常務、オランダに着いたら、まずタクシーの手配、頼むよ」

午前七時、アムステルダム・スキポール空港着。

到着口から外に出ると、ピカピカに磨き上げられた黒塗りのベンツが三台横付けしてあった。

「Welkom!（ようこそいらっしゃいました）」

運転手がサッと後部ドアを開ける。高田が呼んだタクシーではない。

「えっ、何」と、神近。

高田も目を丸くしている。

池田は落ち着いている。「へぇー、さすがは貿易立国」と言って、車に乗り込んだ。

「国賓扱いですよ。貿易省、外務省、農水省が一台ずつ車を出し、案内役の担当官を付けて出迎えてくれたのです」

三台のベンツは、静かなエンジン音を響かせ、時速百四十キロで、宿泊先のホテルがあるハーグへと向かう。

車内で担当官が一人ひとりに冊子を配る。滞在中一週間の予定がびっしり書き込まれていた。花市場、魚の加工工場、ガラス工場、チーズ農家……。一行は、行く先々で大歓迎を受けた。

池田は振り返って言う。

「オランダはちょうど九州と同じくらいの大きさの国で、小回りが効く。日本じゃ考えられない対応ぶりでしたね」

交渉のテーブル

神近はイライラしていた。国を挙げての歓迎ぶりとは裏腹に、オランダにはプリンス・ウィレムを復元できる人がいない、というのである。

オランダ造船協会との交渉のテーブル。

神近はミネベアの高橋高見社長から「言いにくいことをはっきり言う」ことを学んだ。初めはぎくしゃくしても、単刀直入に聞いた方が深い話ができるし、本音で付き合えるようになる。そう信じて、神近は詰め寄った。

「それで、復元できるのですか。できないのですか」

大御所の協会長が、顔をしかめて言った。

「正直なところ、オランダの造船技術では無理です」

神近のこめかみがピクピクと痙攣《けいれん》した。

「この人じゃだめだ。話にならん」

大声で言い放つと、ガタンとイスを鳴らして席を立ち、さっさと部屋を出ていく。高田征一らは苦笑しつつ、その場を取り繕って慌てて後を追う。

他にだれかいないのか。藁にもすがりたい気持ちで方々に問い合わせしたところ、貿易省が、

「この人はどうでしょうか」と、ある人物を推薦してきた。

若手造船設計家、マーティン・デ・フロートだった。三十代の青年ながら、十七世紀に活躍し、イギリスで座礁した帆船「アムステルダム」号を復元した実績があるという。神近は早速、面談を申し込んだ。

ロッテルダムの港を見下ろす海運会社の会議室。ここで決めて帰らなければ、計画は挫折する。緊張が高まる。

すると、デ・フロートは開口一番、こう言ったのだ。

「復元は可能です」

神近は聞き違いではないかと思った。自信たっぷりの表情に疑念がわいた。果たしてこの人物に任せていいのか。見極める必要があった。

池田が神近にささやく。

「僕が彼の事務所を見てこよう。設計家同士、現場を一瞥すれば、本物かどうかの確証がつかめるだろう」

「頼みます」

神近は目で訴えた。

会議終了後、池田は単身、デ・フロートのオフィスへ向かった。

デ・フロートは、アムステルダム郊外の高級住宅地ブルメンダールで、三階建ての古い住宅を事務所に使っていた。そのたたずまいを見て、池田は、「ここなら大丈夫」と直感した。

デ・フロートは、父の跡を継いだ二代目だった。スタッフへの接し方は礼儀正しく、ベテランたちは気持ちよく二代目をサポートしていた。

「こぢんまりとして、家庭的な雰囲気で、ここならクリエイティブな仕事ができるな、と思いました」

池田は単刀直入に聞いた。

「設計はお任せするとして、造船所はありますか」

「いくつかあります。早速当たってみましょう」

デ・フロートは笑顔で答え、すぐに実現可能な予算をはじき出した。

池田は誠実な印象を受けた。

「神近さん、大丈夫、彼を信じよう」

池田の太鼓判により、プリンス・ウィレムの発注先は決まった。この縁で、デ・フロートは後に、ハウステンボスの名物帆船「観光丸」「咸臨丸」の復元も受注することになる。

池田とデ・フロートには、「ヨット好き」という共通点もあった。池田はオランダ行きの際、いつも、神近より二、三日前に出国した。空港にはデ・フロートが待っていて、ヨットハーバーへ直行した。

デ・フロートのヨットは、ニシン船を改造したものだった。和船に似た木造船で、八十年以上の

オランダの友人たちとヨットを楽しむ池田さん（愛艇矢矧号でハウステンボスから大村湾に繰り出した時の一コマ）

間、修理に修理を重ねて使っているという。

池田は感心した。

「木造のニシン船を現代のレジャー船につくり替える船大工がいる。メンテナンスの技術がきちんと継承されている。だから、十七世紀のプリンス・ウィレムだって復元することができる」

一方、日本では、船外機が普及した昭和三十年代以降、和船が姿を消しはじめ、今ではほとんどがFRP船だ。港町には必ずいた船大工はあっという間に失職し、伝統の技は途絶えた。

「日本は新しいものがいいものという発想で、伝統文化をどんどん切り捨ててきた。だから造船も建築も根無し草」と、池田は嘆く。

「僕らが帝国大学の建築科で最初に教わったのは、アテネのパルテノン神殿。日本家屋のことなんて全然知らない。底が浅い。日本は明治以降、伝統文化と一緒に過去へのプライドまでも捨てた。哀れなもの。だから、ノーベル賞なんかもらうと、ものすごく大騒ぎする」

池田はオランダでヨットに乗るのが楽しくて仕方なかった。どの船にも船歴があった。部分部分を修理しながら大切に乗っていた。五十年以上使っている船は、免税になるという。

「オランダでは古さが自慢なのです」とデ・フロートは言う。

池田は、近代技術文明を最初に取り入れた国が、しっかりと伝統の上に立っていることを実感した。

「オランダは、本来、人の住めないところに人工的に住む場所をつくってきた国。その分、自然との付き合い方に長けている。逆に日本は自然に恵まれすぎて、付き合い方が下手になってしまったのかもしれません」

日本では現在、ＦＲＰ廃船や建築廃材が産業廃棄物となり、社会問題化している。池田は、「明治維新以降の急速な近代化の功罪が、今、大きくクローズアップされている」と指摘する。

東のディズニーランド、西のオランダ村

「本物の帆船を係留するには、本物の街が必要だろう」

神近は意気揚々、次のステップに進んでいた。オランダ村対岸の街・ウィレムスタッドの建設計画だ。

オランダは国家を挙げて協力してくれた。問題は資金だった。プリンス・ウィレムの建造費十四

億円。加えて、ウィレムスタッドの建設費十四億円。

池田は、当時を振り返って苦笑する。

「スリリングでしたよ。予算の裏付けもないのに、次から次へ、神近さんはよくやったよ。一国の政府相手にぬけぬけとねえ」

度胸が据わっているというのか、無鉄砲というのか。ともかく、神近は金融機関を駆け回った。しかし、日本の西の果ての名も知れぬ会社に資金を提供してくれる銀行は、なかなか見つからない。もはや、八方ふさがり、と頭を抱える神近に救いの手を差し伸べたのは、日本興業銀行（現みずほフィナンシャルグループ）だった。

日曜日、女子社員がオフィスに一枚の名刺を持ってきた。

「社長、面会希望の方がお見えです」

名刺を見て、「あっ」と思わず声を上げた。

「日本興業銀行福岡支店融資課長　関盛吉郎」

神近はオランダ村のレストランで関盛と対面した。関盛は、家族で長崎オランダ村に遊びに来て、「なかなか面白いところだ」と思い、社長に会ってみることにしたという。神近は、オランダ村の拡張計画を夢中になって説明した。三時間、滔々としゃべり続け、最後に、「資金を貸してください」と頭を下げた。

関盛はにっこり笑って、言った。

「素晴らしい事業ですね。ただし、審査をさせていただきます」

この審査が難問だった。事業計画書の作成、提出に始まり、連日の調査。神近自身の面接審査も三回にわたって行われた。

「事業のコンセプトは？」、「収支見通しは？」、「社会貢献についてどう考えているのか」。同じことを繰り返し、角度を変えて聞かれた。

ウィレムスタッド着工間近となった日、ようやく興銀から呼び出しがあった。審査結果が読み上げられた。

「オランダ村と類似する企業は日本に一つもない。オランダ村は新しい産業への挑戦である。よって日本興業銀行は事業をバックアップする」

直ちに、興銀、日本生命、明治生命、三菱信託銀行、親和銀行、十八銀行の六金融機関からなる協調融資団が組織された。バックアップ体制は整った。

資金繰りのめどが立って勇気百倍の神近は、この後、興銀特別顧問・中山素平《そへい》をオランダ村に案内する機会を得た。中山もまた、神近のよき理解者となり、オランダ村に続いてハウステンボス計画の実現の後押しをすることになる。

中山は元興銀頭取。頭取時代には、石炭、自動車、鉄鋼、化学などの日本の産業再編成を推進。山一證券への日銀特融実施や新日本製鐵誕生の際も財界の知恵袋として活躍し、「財界の鞍馬天狗」と呼ばれた人物。神近は、この中山の計らいで、在京の財界関係者にハウステンボス計画を説明す

オランダ村の大きな風車はその象徴の一つ

るチャンスを与えられる。

興銀の後ろ盾を得た長崎オランダ村は、エコロジーとエコノミーの歯車ががっちりかみ合い、前進を始めた。

オープン二年後の一九八五（昭和六十）年、プリンス・ウィレムが完成した。命名式は六月二十二日、首都アムステルダムで行われた。外相エーレケン夫妻と羽織はかま姿の長崎オランダ村会長・松田皜一夫妻がシャンパンを割り、広場では民俗舞踊が披露された。このあと、ドック型沈下式輸送船に搭載され、四十五日間かけて佐世保に回航された。西海橋の下は、マストを取り外してくぐりぬけた。

八月二十七日午後三時、長崎オランダ村着岸。この瞬間から、オランダ村のシンボルとして、帆船ファンのみならず全国民の注目を浴びることになる。

休日のたびに、観光客が押し寄せた。国道は渋滞し、駐車場は満車になった。オランダ村の名は全国に知れ渡り、旅行誌などで「東のディズニーランド、西のオランダ村」と評されるほどの全国屈指の観光拠点に成長していった。

本物の帆船と本物の街。

「張りぼてではいけない。本物は必ず評価される。訪れた人が感動すれば、また来てくれる」

神近の見立ては、正しかった。

池田はこう分析する。

「成功の秘訣は自然。すごくいい状態の自然環境の中に、建物がうまく配置され、生態系が生かされ、全体が魅力的な空間になった」

当時の発想では、目に見えるところだけきれいにして、裏の部分でコストダウンするのがふつうだった。神近は、それをやらなかった。池田の主張を聞き入れて、「自然を活かす」方針に切り替えた神近は、この時から、ひたすら経済効果を追求する従来型の経営者とは違う、未来型の社長になっていたと言えるだろう。

神近義邦が描いた夢。池田武邦の自然へのこだわり。オランダ村は美しい自然をそのまま生かしたと新しいタイプのテーマパークとして大当たりしたのだった。

以下、余話。

池田は、プリンス・ウィレム輸送の時、他の仕事でシンガポールに出張していた。そこへ、今晩

ハウステンボスのルーツとなった長崎オランダ村

プリンス・ウィレムがシンガポールに入港、と報告が入った。池田は次の日、飛行機で帰国の予定だったが、「よし、せっかくだから乗って帰ろう」と、航空便をキャンセルして、十一日間の船旅を楽しんだ。

佐世保に着いたら、平井勇が青い顔をして飛んできた。

「先生、大変です」

「どうしたの」

「西彼町の先生の別荘（小屋）周辺の護岸工事で、地元の人たちが猛反対して、険悪な空気になっています」

池田は、護岸をすべて自然石でつくりあげようとしていた。県にもオーケーをもらっていた。しかし、地元の人たちは、自然石では台風などで壊れてしまうのではないか、と不安に思ったらしい。

池田はすぐさま、風早郷琵琶ノ首鼻に向かった。住民たちは、「コンクリート護岸でなければ危ない」と主張して譲らない。池田は、自然石にした理由を諄々《じゅんじゅん》と説いたが、納得してもらえない。仕方なく、こう提案した。

「もし壊れたら僕が全責任を負って補償する」

こうしてできあがった琵琶ノ首鼻の自然石護岸が、後にハウステンボスの祖型となる。

千載一遇のチャンス

自然の海岸線を生かした街、巨大木造帆船の復元――。長崎オランダ村は本物志向で大当たりした。

悩みは交通渋滞だった。週末のたびに繰り返される幹線道路の大渋滞には、長崎県も頭を抱えた。県議会でも審議が続いたが、抜本的な解決策は見つからなかった。

県経済部長はたまりかねて、社長の神近に相談を持ちかけた。

「神近さん、針尾の工業団地をオランダ村の駐車場として使ってもらえませんか」

針尾の工業団地とは、「列島改造」ブームに乗って、県が大村湾の一角で、一九六九（昭和四十四）年から八年がかりで造成した埋め立て地。面積五十万坪。モナコ公国と同じくらいの広さだった。県は造船不況で経済が停滞していたこともあり、工場誘致に望みをつないで埋め立てを拡大していった。大きな船が接岸できるような護岸も整備した。しかし、工場は一つも来なかった。

「無計画もいいところ。もともと水が不足しがちな場所だから工場が来るはずがない。根底には、諫早湾の干拓と共通するものがあるように思える」

池田は、そう指摘する。

造成費百九十二億円の金利は、年間四億円にも達していた。県議会では毎度、野党側の攻撃材料として議題に上り、執行部を困らせた。県経済部長は、「このお荷物を何とか有効利用したい」と考えていた。

経済部長は、神近に提案した。

「神近さん、針尾の土地を駐車場にして、お客様はそこから船で送迎してはどうでしょうか」

神近の脳中に閃光が走った。

「これは千載一遇のチャンスだ」

目の前に突然現れた広大な土地。絵筆を握るのが大好きな神近には、工業団地が真っ白なキャンバスに思えた。

「駐車場なんてちっぽけすぎる。ここに未来都市をつくろう」

ひらめいた次の瞬間には、もう頭の中でデッサンを始めていた。

「これだけの広さがあれば、街を四つくらいつくれるな」

一週間後、神近は図面を手に長崎市を訪れた。県経済部長を通じて、高田勇知事との会談の席を設けてもらった。

ホテルの一室。神近は、ハウステンボス計画のアウトラインを熱く語った。

「観光はこれから日本の基幹産業になります。アジアに一番近いこの地にアジアの観光拠点をつくりたいと思います」

「お金はどのくらいかかるの」と知事。

「五千億円くらいです」

「建設には何年かかりますか」

「十年くらいかかるでしょうが、五年ほどで一部オープンは可能です」

知事の顔がほころんだ。

「それは、すごい。ぜひ実現させてください。県もできるだけのお手伝いをします」

知事は神近の両手をしっかりと握りしめた。

その夜。神近は、思案橋のクラブで飲んでいた。西彼町の自宅から電話が入った。妻からだ。

「知事公舎に電話をしてくださいとのことです」

何かトラブルが起きたのかではないか、と恐る恐るダイヤルを回す。高田知事が出た。

「神近さん、夜分に申し訳ありません。今日あなたにハウステンボスの計画を聞いて、興奮してしまって眠れないのです」

電話口の向こうで知事が恐縮している。

「考えれば考えるほどすごい計画です。あなたの声をもう一度聞きたくて電話したんですよ。私の政治生命をかけてやります、神近さん」

神近はホッと胸をなで下ろすと同時に大きな責任を感じた。

「これはなんとしてもやり遂げなければ」

翌日、神近は、針尾工業団地の地元、佐世保市へ。桟《かけはし》熊獅《くまし》市長の理解力は抜群だった。三十分もしないうちに神近の計画を了解した。長崎県は、長崎市を中心とした南部地域に観光資源が集中し、三菱重工業などの工場も多く、経済は「南高北低」だった。北部地域の先導役の佐世保市にアジアの観光拠点ができるのは大歓迎だった。

「市長、計画の実現には、道路、水、漁業対策など、地元の協力が不可欠です。よろしくお願いします」

「神近さん、このようなすばらしい計画に参加できるなんて、市長として幸せです」

二人は、がっちりと握手を交わした。

針尾工業団地

ヘドロの臭いがした。

「これはひどい」

神近に「一緒に見に行きましょう」と誘われ、針尾の工業団地を訪れた池田は唖然とした。

一九八七（昭和六十二）年夏。

「二十年も経っているのだから、ふつうなら雑草や低木が生えているはずなのに……」

果てしなく広がる荒れ地。魚も虫も鳥もいない。雨が降ると水がたまり、日照りが続くとひび割れた。

「オランダ村には守るべき自然があったが、ここには何もない。これは、戦後日本の環境を無視した開発の典型だ」

池田の胸が、沸々とたぎり出した。神近に言った。

「やろう。徹底的にやろう」

池田と神近。オランダ村では、エコノミーかエコロジーかでさんざん衝突したものの、今は「あ、うん」の呼吸だった。

池田は回想する。

「オランダ村の成功によって、神近さんは環境をきちんとすることが経営にもプラスになるということを理解した。ハウステンボスの時は、彼の方から環境が大事だと言い、僕の提案を一つも否定せず、受け入れてくれた」

周辺の地誌を簡単に紹介しておく。工業団地（現在のハウステンボス）敷地は、佐世保市・針尾島の南部に位置している。針尾島と佐世保市の早岐側を隔てる早岐瀬戸は、平戸藩と大村藩の藩境となっていたため、瀬戸の周辺では両藩の争いが絶えなかった。明治になって、佐世保市が海軍基地として発展する中で、針尾島にも海軍施設ができた。大東亜戦争中には海兵団が設けられ、終戦直前には、海軍兵学校針尾分校も開設された。戦後は、引き揚げ者の収容所、警察予備隊の駐屯所などとして利用された。そこに、県による大規模な埋め立てが実施された。土地は排水性、保水性とも乏しく、かつて植栽が行われた形跡はまったくなかった。

池田は、生態系の回復が急務だと思った。しかし、尋常な手段では、とても植物は育ちそうにない。埋立地をクレーンで掘ると、ガツンと岩石に当たった。ヘドロの中から直径二メートルもの巨岩がゴロゴロ出てきた。

「決められた砕石を行わずに、そのまま投棄していたんですよ」

土壌改良から始めることにした。深さ一メートルまでの土壌をすべて入れ替え、地域に自生している苗木四十万本を植えた。化学肥料は一切使わず、有機的な改良を行ったのは言うまでもない。

次に手をつけたのは、海岸線だった。コンクリートの護岸が大村湾と埋立地を遮断し、デリケートな水辺の生態系を破滅的にしていた。ガリガリ、ゴリゴリ、重機で全部はぎ取り、そこに、地元で採取した自然石を置いていった。

「埋立地に少しでも海の水を戻そう」と、運河の建設にも着手した。幅三十メートル、総延長六キロ。水がよどまないよう、潮の干満によって週二回、完全に水が入れ替わる設計にした。側壁も水底も、すべて土、石、木などの自然素材を使った。

大村湾は、奥まったところの水が完全に入れ替わるのに百年かかると言われた閉鎖海域である。「排水は一滴も海に流さない」という方針は、オランダ村と同じだった。そのため、下水道を整備し、浄化施設を建設した。生ゴミは一〇〇%堆肥化して園内に戻すシステムをつくり上げた。モナコ公国と同じくらいの大きさの町が、生活排水を一切流さないという取り組みをするのは世界で初めてのことだった。

アスファルトの舗装にも見向きもしなかった。一度限りの使い捨て資材だからだ。これに対し、再利用が可能な「建設資材の社会的ストック」として選んだのが、煉瓦と石だった。建物には煉瓦を多用した。その数二千万枚。路面には砂を敷き詰め、自然石を張った。ヨーロッパの古都で見られる石畳の道だ。これによって、雨水は石のすき間から地中にしみ込み、土中のバクテリアによって濾過され、大村湾に返ってゆく。

こうして生まれ変わった大地に、四十万本の植栽を施した。

こんな逸話がある。

ハウステンボス開園の一年前。視察に訪れたオランダ政府の職員が、煉瓦張りの宮殿「パレスハウステンボス」の前で、こう言った。

「この煉瓦と煉瓦の継ぎ目の目地は、オランダの宮殿のものと二ミリ違う」

すでに二百平方メートルにわたって煉瓦を張っていたが、すべてはがした。やり直しに四千万円かかった。

こうしたハウステンボスの自然回復への取り組みと本物へのこだわりは紙幅がいくらあっても書き足りない。

ともかく、初期投資二千二百億円のうち六百億円を環境対策に充てた。美しい大村湾の自然を破

歩行感も柔らかなハウステンボスの石畳

壊した行政。そのツケを民間企業のハウステンボスが払う。これを「最悪」と取るか、やりがいのある「挑戦」と受け止めるか。池田は後者だった。

池田はこのプロジェクトを、公共事業でズタズタになった日本列島の自然回復の先駆け、と位置づけていた。

「ハウステンボスは、二十一世紀の新しい町づくりの典型だ」、「世界じゅうどこを探してもないものをつくろう」。日本設計社長というポジションにありながら、環境問題をやかましく言う池田の姿は、周囲の目に異様に映ることもあった。時として他の役員や部下と衝突することもあった。しかし、池田はひるまなかった。

「肝心な時には、だれも物を言わずに下を向いている。大東亜戦争の時と同じだ。だけど、僕は言う。百年後、千年後の日本のために」

義を見てせざるは勇なきなり。未来を切りひらくのは、いつの時代も、燃えるような正義感から

「江戸」を都市計画の手本にした運河の街

向こう見ずに思索し、行動する人である。

「東京ディズニーランド」と「ハウステンボス」をテーマパークとして同列に扱い、優劣を論じる人も多い。しかし、自然の干潟の上に建てた東京ディズニーランドと、破壊された自然生態系を回復させたハウステンボスでは、コンセプトが根本的に違う、ということを強調しておきたい。

思想は江戸

「ハウステンボスはオランダの街並みをモデルにしていますが、都市としての思想は江戸から学んだ」と、池田は言う。

江戸の町は、運河が町の骨格をつくっていた。ハウステンボスと同じだ。水路を行き交うはしけが、人々の交通手段であり、物資の輸送手段であった。河岸には土倉や茶店が並んだ。船遊び、夕

海が庭であり道でもあるホテルヨーロッパ（正面が迎賓館）

涼み、花火、潮干狩り……。水辺は市民の遊興の場でもあった。

十八世紀末、人口三十万人のパリでは、セーヌ川が排泄物で汚染されていたという記録がある。これに対し、人口百万人の江戸の隅田川、神田川、日本橋川などは極めて清澄だった。日本人が水を大切にし、水と一体となって日々の生活を営んできた証左である。

「井戸やせせらぎには水神様が住み、人々は水に対する作法を心得ていた。子供のころ、川にちょっとでもごみを捨てようとすると、水神様の罰が当たるぞ、と大人たちにしかられたものです」

池田は佐世保の工業団地に、江戸時代の「水辺の街」を再び作り出そうと試みた。この挑戦は、未来の都市のあり方を問う一里塚になるはずであった。

「江戸の思想」は、ハウステンボスを代表する宿泊施設「ホテルヨーロッパ」に典型的に現れている。

外観は、アムステルダム中心街にあるホテルをモデルとしている。だが、アムステルダムのホテルがふつうのホテルと同様、陸からアプローチするのに対し、ホテルヨーロッパは、海からアプローチする構造になっている。つまり、運河から船でホテルの中庭に乗り入れ、船着き場からフロントに上がってチェックインするのである。まさに、「江戸の船宿」の現代版である。

運河の船着き場。ここからホテルヨーロッパのフロントへ

「音」にもこだわった。

「現代の街はいたるところでスピーカーが鳴りっぱなしで音に対してあまりに不作法だが、江戸の町には音に対する作法があった。風向きによって音がいかに伝搬するか、向きによって建物の配置を考えてどのくらいの音のレベルにすれば周辺に害がないかを調べ、街のにぎわいは出すけれども、その音が周りに影響しないよう建物で遮蔽しました」

電気的な音は緊急事態の時以外は発せず、耳を澄ませば、潮騒と鳥のさえずりや虫の声が聞こえるようにした。

さらに「光」。

街のどこからでも月や星の明りが見えるよう、場内の照度を江戸の町のレベルに保つようにした。電柱は

年を重ねるごとに渋みを増すレンガ造りの建物

一本も立っていない。

「光ファイバーなどマルチメディア基地としての機能は全部地下に入れた。ハウステンボスはインテリジェントシティーでもあるのですが、こうした近代文明の部分はすべて目に見えない隠し味にしました」

近代文明社会は今、太陽エネルギーが数千万年かけて蓄えた化石燃料を百年で消費し尽くそうとしている。人類は、大量生産、大量消費、大量廃棄を続けながら破滅の道を進んでいる。

「二十世紀に育ったふつうの日本人である僕は、近代技術文明の進歩発展こそが、国を豊かにし、社会をよりよくする道であると信じて疑わなかった。近代以前の封建社会は、人権が尊重されず、近代社会より遅れ、劣った社会だったと思い込んでいた。でも、それは違っていた」

池田は足元の歴史の中から、人類の未来への処方箋を見つけた。

「江戸時代の日本人は、家屋、衣類、糞尿すべてリサイクルし、二百六十五年もの間、自然の摂理に沿った生活によって持続可能な循環型社会を実現した。江戸は世界に類を見ないエコシティーだった。鎖国時代は、遅れているどころか、最先端だったのです」

池田が江戸の町を手本に黙々とハウステンボスの図面を引いていた一九八〇年代後半、多くの日本人はバブル景気に浮かれていた。

エコノミーかエコロジーか

雨のオープニング

一九九二年三月十六日。ハウステンボスは、オープニングの日を迎えた。

百五十二ヘクタールの工業用地に建設された環境未来都市。セレモニー会場の来賓席には、神近義邦が立案した投資額二千二百億円の巨大プロジェクトに賛同した大勢の人たちが顔をそろえていた。日本興業銀行相談役の中山素平をはじめとする金融機関の役員、三菱重工、日本郵船、松下電器、三井不動産、キリンビール、サントリー、清水建設、長崎自動車、JR九州、九州電力、西部ガスなど参加企業計三十数社の社長、会長たち。漫画家の松本零士らアミューズメント関係者も着席していた。

残念なのは、神近が長崎オランダ村、ハウステンボスに取り組むきっかけをつくった生簀料理店「松乃井」の経営者・平井勇の姿が見えないことだった。平井はこの年の一月二十六日、入院先の病院で肺炎のために亡くなった。

「オープンの晴れ舞台を踏ませてやりたかったのだが……」。神近はハウステンボス生みの親ともいえる平井の死を悼んだ。

晴れの舞台である。しかし、天候が最悪だった。真っ黒な分厚い雲が園内を覆い、氷の細片のような冷たい雨が横殴りに降っている。突風が帽子を飛ばし、傘の骨をへし折る。

会場には、オランダからも大挙、百五十人あまりの来賓が駆けつけていたが、一行は出発時、悪天候で飛行機の離陸が遅れたらしい。列席者の中には、「オランダの人がオランダの天気を長崎に運んできたんじゃないか」とぼやく人もいた。ともかく、ごたごたした印象の開園となった。

嵐の中、式典は強行され、三笠宮殿下夫妻、オランダのコンスタンタイン王子が厳かにテープカットを行った。

神近は著書『ハウステンボスの挑戦』（講談社）に、この日のことを次のように記している。

コンスタンタイン王子と三笠宮殿下御夫妻に花束を贈るために子供が三人待っている。見ると、子供たちは雨と寒さでガタガタ震えている。

かけよって傘をさしかけたが、震えがとまらない。もうしわけなくて涙がこみあげてくる。

小学生のブラスバンドがぬれながら演奏する。

私も一緒にぬれながら歩いた。子供たちとぬれながら歩くオープニング・セレモニーは、生涯忘れることはないだろう。

どんな試練が待っていても、耐えて、耐えて、必ず「千年の時を刻む街」をつくりあげると、私は心の中でつぶやいた。

日本設計社長として来賓席にいた池田武邦は、こう振り返る。

「長崎オランダ村の開園の時もそうでしたが、これまで、神近さんが何かやろうとする日は、必ず晴れた。神がかり的に晴れた。だからこの日も安心していた。ところが、そのジンクスが初めて外れた。今にして思えば、ハウステンボスの前途多難を暗示していたのかもしれない」

三月二十五日、グランドオープン。この日も午後から雨が降り、次の日の、その次の日も雨だった。太陽が姿を見せたのは、なんと三月三十日。神近が見込んでいた三月の目標達成率は四六・六%。四月も七〇%にとどまった。ゴールデンウィークの入場者も予想を大幅に下回った。

オープン前、神近は、「ハウステンボスはテーマパークではありません。未来の街づくりです」と力説していた。

「その言葉がストレートに伝わりすぎて、ハウステンボスは遊びに行くところではなく、住むところだと誤解されてしまったのかもしれない」

悔やみもしたが、後の祭りだった。

取り巻く環境も、急速に悪化していた。一九八六（昭和六十一）年十二月から四年三か月にわたって続いていた日本経済のバブルは、ハウステンボス開園前年の一九九一年二月にはじけた。ハウステンボスの分譲別荘群「ワッセナー」がその影響をまともに受けた。日本企業は不動産の買い漁りをぴたりとやめた。このため、購入予約のキャンセルが相次いだ。

これが最初のつまずきとなり、資金繰りが悪化していく。一九九二年の初年度入場者は三百七十五万人。経常損益（一九九三年六月発表の三月期決算）百五億円の赤字だった。

妥協せず

「僕の読み違いだった……」

分譲別荘ワッセナーが売れ残ってしまったことは、神近にとって大きな誤算だった。

「ハウステンボスの事業計画を立てた時、僕は日本人の生活もこれから本当に余裕のある、豊かなものになると確信していた。ところが、日本経済は予想をはるかに超えるスピードで膨張し、あっという間にしぼんでしまった」

長崎オランダ村、ハウステンボスを含む「ナガサキ・エキゾチック・リゾート構想」が九州二例目のリゾート法（総合保養地域整備法）の認定を受けたのは、一九八九年四月。神近は、日本が一億総リゾート時代、テーマパーク花盛りの時代に向かっていた時、「何か変だな」と心に引っかかるものを感じていた。しかし、前進、前進の毎日で、立ち止まって深く考える余裕がなかった。

「オープン直前にあのような不動産大不況が起こるとは……」

人生、一寸先に何が待ち受けているか分からないとはいえ、バブル崩壊は予想外の大きな落とし穴であった。この後、日本経済は蟻地獄のような不況の底へと沈んでいく。

周囲からは、「エコロジーとエコノミーの両立というが、理想を追いすぎるのではないか」、「環境対策への過剰投資が足を引っ張っているのではないか」といった声も聞こえてくるようになる。

静かなたたずまいの分譲別荘ワッセナー

だが、神近は意に介さなかった。

繰り返し述べてきたが、ハウステンボスは「自然と人間との共存」を理念に掲げて誕生した。それゆえ、利益・効率を最優先とする企業社会で異彩を放ってきた。神近はコンセプトを守り抜くため、「汚水は一滴も大村湾に流さない」決意で水の三次処理システムを構築し、コ・ジェネレーションシステム（熱電併給）を導入した。

こうした環境への投資は六百億円にものぼったことは先にも触れたが、神近は、「すべて承知の上での投資負担。それによって世界屈指の環境未来都市を実現した。過剰投資という指摘はまったくの的外れ」と明快に言い、「税制では五十年かけて施設の減価償却を行うが、ハウステンボスの耐用年数がわずか五十年であるはずがなく、その使命は百年、千年と続く」と胸を張った。

「だから、集客力があると分かってはいても、絶

分譲別荘地方面から街の中心部に向かう遊覧船

叫マシンや擬似体験できる乗り物などアトラクションの遊具を置かず、きれいな空気、水、花や街並みを売り物にしたのです」

神近は、苦しくとも妥協しなかった。

「ハウステンボスはテーマパークではありません」という神近の言葉の真意も少しずつ理解され、入場者は、じわり、じわりと増えていった。オープン二年目、一九九三年度は三百九十万人。以後、次のように推移した。

九四年度　三八八万人
九五年度　四〇三万人
九六年度　四二五万人（過去最高）
九七年度　四一三万人
九八年度　四〇三万人

この時期のハウステンボスは、張りぼてでは満足しない、「本物」を求める人たちが集まる行楽地としての人気が定着しつつあったと言えるだろう。

筆者は思う。創業者の神近が、もしも今なお経営の中枢にあったら、ハウステンボスは成熟したリゾートとしての地位を確立していたのではないかと。だが、歴史は後戻りすることはない。神近は二〇〇〇年六月をもって社長を辞任してしまうのである。オープンからわずか八年。経営者として神近らしいけじめをつけたのだが、あまりに早すぎたような気がしてならない。

参考までに直近のデータを紹介しておこう。

二〇〇八年度　一八七万人
二〇〇九年度　一四一万人（過去最低）
二〇一〇年度　一七四万人

二〇一〇年から旅行業エイチ・アイ・エスを中核とする新会社が運営を担っている。再生への取り組みを見守りたい。

優しさの経営

オープン当時、ハウステンボスは三千五百人の従業員（ちなみに二〇一一年十月現在、千二十二人）を抱えていた。うちパートが七百人。ディズニーランドの正社員比率とちょうど逆で、正社員の方が圧倒的に多かった。

「一時的には労働効率が悪くなるかもしれないが、あえてディズニーランドと別の方向へ進んだ」

と神近。

なぜか。

「ディズニーランドは大都市近郊にあるから質のよい臨時社員をいつでも雇用できる。でも、長崎ではそうはいかない。サービスの質を高めるには教育期間が必要だし、正社員だとモチベーションも高まる。観光業はサービスが命ですから」

神近はここでも、十年先、二十年先を見ていたのだ。

「社員には、時間がたつほど、サービスの質が高まるように心がけてくださいと、とお願いしてきた」

温かい会社である。

従業員はどんどん増え、四千五百人にまで達した。エコロジーとエコノミーの歯車をうまくかみ合わせるには、合理化が必要だった。しかし、神近は首切りをしなかった。自然減や子会社への転籍でしのいだ。

「経営者としては失格かもしれない。でも、僕には、生活の糧を得ようとして働いている人の肩をたたくことはできなかった」

こうした姿勢は、「優しさの経営」と揶揄された。

「神近は従業員に甘い、と言われた。でもね、仕事は人間が生きるためにある。その逆はないと思うのです」

神近のこの言葉を聞いた時、日本興業銀行元頭取・中山素平のエピソード思い出した。

終戦直後、中山は興銀の人事部長になった。待っていた仕事は、人員整理だった。復員してきた人も多く、余剰人員を整理する必要があった。中山はリストラ対象者のリストを作成し、幹部に提出した。

「こ、これは君」

リストを手にした幹部は慌てた。「中山素平」と書いてあったからだ。

中山は言った。

「他人の首を切るくらいなら、自分を切った方がいい」

しかし、幹部たちの猛烈な引き留めに合い、中山は興銀に残留した。その後、五十四歳の若さで頭取に就任。そして、わずか二期四年で辞意を表明した。この時も、全役員の引き留めで残留している。地位、名誉にしがみつくことなく、己の信念を貫く。私心や小賢しい計算などない。そういう姿勢が人望を集めたのだ。人を押しのけて偉くなるのが目標でない。仕事はあくまで、世のため、人のため。こういう中山流の身の処し方は、神近にも、共通している。中山が神近を見込んだのも、死生観が合致していたからだろう。

中山は興銀を去った後も、財界の重鎮としてハウステンボスを支援し続けた。中山は機会あるごとに発言している。

「日本の将来を考えて、こういう企業を応援しなくちゃいけない」

「成功しようがしまいが、ハウステンボスのような姿勢が大切なんだ」

神近と同様に、中山と親交があった池田はこう振り返る。

「ハウステンボスオープニングの式典にお招きした時、素平さんの宿は園内最上級のホテルヨーロッパ迎賓館に取ってあった。ところが、素平さんは『こんな窮屈なところはいやだ』と言ってね、代わりに僕が泊まったんだよ。そんな人なんです。素平さんという人は」

一八〇度の方針転換

「ハウステンボスに対し、二〇〇四年度末までの五年間で総額二百二億円を上限に債務放棄する」

二〇〇〇年三月二十八日、ハウステンボスのメーンバンク、日本興業銀行（現みずほフィナンシャルグループ）が報道発表を行った。同日、ハウステンボスが二〇〇〇年四月から五年間の経営改善計画を策定し、子会社の再編による財務体質の強化、神近の社長退任を打ち出したことを受けての再建支援であった。簡単に言えば、神近がやめるのと引き換えに興銀に債務免除を願い出、それが実現したのだ。神近らしい捨て身の策戦であった。

一九九九年度の入場者は天候不順や台湾地震の影響で、五年ぶりに四百万人を割り込む見通しになっていた。

「二〇〇二年度には単年度で黒字のめどがつく。引くのにふさわしい時期と判断しました」

記者会見での神近の表情はいつになく厳しかった。

「メーンバンクに債務を放棄してもらった企業のトップが続けるわけにはいかない」と述べ、経営責任を取ってあっさりと社長を退く考えを記者団に伝えた。この時、五十七歳。

同年六月の株主総会後、社長室を後にした神近は、その後、一切、経営に口を挟まなかった。創設者として一言いいたいこともあったろう。だが、二度と表舞台に立って発言することはなかった。メディアの取材も断り、写真撮影も許さなかった。その徹底ぶりが、神近の決断の重さを示していた。

創業者・神近に代わって、興銀出身の和才昌二が新社長に就任。経営は銀行主導となった。この交代劇の中で、池田が、ハウステンボスの代表取締役会長に就任する。

「これまでのハウステンボスのコンセプトを継承していくうえで、余人をもって代え難し、と銀行関係者に口説かれたのです」と池田。

これまでは、建築家として、日本設計社長として、ハウステンボスにかかわってきた池田だが、以後は直接、経営に携わることになる。

初めての幹部会合で、池田は言った。

「今こそ、環境を前面に出してゆく時です」

しかし、銀行から来た経営陣は冷ややかだった。

「池田さん、環境では、お客は来ませんよ」

客寄せのため、彼らが真っ先に選んだのは「モーニング娘。」だった。「モーニング娘。ってなあに」と、池田が聞くと、経営陣はあきれた口調で言った。「池田さん、ご存じないんですか」池田は皆に笑われた。「会長には経営は無理」と言わんばかりに。

この瞬間が、ハウステンボスにとって大きな分岐点だった。神近流の長期戦略は否定され、経営方針は一八〇度変更されることになったのだ。客寄せに「モーニング娘。」を起用すると宣言した経営陣は、以後、コンサルタント会社を次々に投入して対症療法に終始することになる。しかし、人任せのイベントは目先だけの、場当たり的なものになりがちだった。入場者は目論見どおりに伸びず、神近社長時代の四百万人台を回復することは一度もなかった。

神近がためらっていた合理化も一気に進められた。二〇〇一年三月、中堅社員を対象にした希望退職の募集が始まり、社員はあっという間に千人にまで減る。

同年四月には、開業以来となる入場料の値下げが断行された。六月には和才がわずか一年の任期で退任。後任に同じく興銀出身に森山道壮が就任。社長交代が銀行の人事異動にすぎないことを印象づけた。七月、分譲別荘ワッセナーの半値での叩き売り開始。十月、オランダ村閉園。

それでも、新経営陣は経常損益を黒字転換することができなかった。それどころか、神近から会社を引き継いでわずか三年足らずで経営破綻してしまうのである。そもそも、観光・サービス業であるハウステンボスを銀行が経営するというのが無理だったのではないか。筆者にはそう思えてならない。

時間との戦い

経営再建は、バトンを引き継いだ新社長らの双肩にかかった。銀行主導の新経営陣は徹底した合理化を進めた。しかし、結局、二〇〇二年度の黒字化は実現できなかった。客足は日を追って遠のき、小泉内閣が進める金融再生プログラムが追い討ちをかけた。竹中平蔵金融相を旗振り役にした銀行の不良債権処理は加速度的に進んだ。

二〇〇二年暮れ、ハウステンボスは、みずほフィナンシャルグループの大口債務者として日銀の特別調査を受ける。新経営陣は、ハウステンボスを「不良債権」と割り切り、ひそかに「処理」する準備を始めた。この時期、彼らのやっていることが何ともふがいなく、粘りに欠け、腰砕けに見えたのは、筆者だけではないだろう。

ハウステンボス上空に垂れ込める暗雲。その下で孤塁を守り続けたのは、神近が社長をやめた後、会長に就任した池田だった。

「不良債権処理を最優先課題とする銀行に対抗しつつ、何とかハウステンボスの生き残りを図らなければならない。僕は僕のやり方でハウステンボスを救ってみせる」

きれいな空気、水、花、街並み。ハウステンボスの売り物は、これしかない。あくまで「環境」で勝負する。社長が交代したからといって、その信念を変えるわけにはいかなかった。

「僕には、イベントをやってハウステンボスを立ち直らせようなんて気は毛頭なかった」

池田は独自の作戦を練った。何より「この会社をつぶしてはいけない」と、だれもが納得するような裏付けが必要だった。

池田は、一九九〇年代にヨーロッパで生まれた「環境会計」に着目した。環境会計は、近代文明社会をリードしてきたヨーロッパで、時代遅れとなりつつある企業会計を補う方法として考案された。わが国では、一九九七年、環境省が企業へ報告書作成を奨励。自動車、電気製品、食品メーカーなどが、それぞれ独自の環境会計を公表するようになっていた。

各社に共通しているのは、個々の企業活動で、環境への負荷をいかに少なくするか、という点が主眼になっていることだった。つまり、自然の生態系をできる限り破壊しないように、省エネ、省資源、リサイクルの数値目標を定め、その目標をどれだけ達成できるか、という設定をしていた。

それは、ハウステンボスがやってきたこととは、根本的に違っていた。

「ハウステンボスは、最初から破壊され、マイナスになっていた生態系を大きくプラスに転じた。その環境投資と成果のバランスシートをつくる必要があった」

前例のない取り組みだった。

池田が考えた新たな環境会計の概念（池田はそれを「創造的型環境会計」と名付けた）は、初期投資をできるだけ少なくして、早期に黒字経営に持ち込むのが正しいとする企業会計と、考え方を一八〇度異にしていた。

現代の経済システムは、地球上の自然は無限であり、自然の浄化能力も十分機能しているという前提で成り立っている。無限、ということは、市場経済価値はゼロということである。つまり、空気は「ただ」とする理屈だ。

飛行機も自動車もなかった十八世紀から十九世紀にかけては、地球は限りなく広く、資源も無尽蔵にあると考えて差し支えなかっただろう。今日の経済システムの基本は、こうした時代にできあがったわけだから、それ自体を非難することはできない。問題は、この前提が二十一世紀にも当てはまるかどうか、ということだ。

二十世紀に入ると、人類は二度の世界大戦を引き起こし、原子爆弾を作り出すまでに近代技術文明を発展させた。二十一世紀を迎えて、その発展のスピードは一段と加速し、自然の生態系は、技術文明の猛威によってズタズタに引き裂かれている。

「経済価値ゼロとしてきた空気、水、清浄な食物、遺伝子など地球上の自然が極めて市場価値の高いものに変わってきた。それを数値化したものが創造型環境会計です」。池田はそう説明し、「企業の実績を正当に評価するには、企業会計に環境会計を加える必要がある」と訴えた。

ただ、ハウステンボスは二〇〇二年でようやく創業十年を迎える会社であった。十年というのは、自然生態系サイクルの最小単位である。百五十二ヘクタールの工業団地の生態系蘇生のため、ハウステンボスが尽力してきた成果をうまく数値化し、客観的なデータとして示すことができるだろうか。池田はレポート作成に没頭した。

会社が「処理」される日が刻々と迫っていた。池田の取り組みは、時間との戦いでもあった。

環境への取り組みに対する評価

二〇〇二年六月、最初のリポート「1992－2001ハウステンボス環境会計報告書」が完成、刊行された。

報告書は、開業以来の自然と共存した循環型街づくりを総括し、自然蘇生のために要したコストとそれによって得られた効果、社会貢献度などを紹介した。長崎県が造成し、誘致に失敗した土地の生態系蘇生に、私企業であるハウステンボスがどれだけ尽力してきたかを示すものとなった。

しかし、その成果をお金に換算するところまでは至らなかった。

「残念ながらこの時は、きれいな空気、清浄な海、肥沃な大地、鳥、昆虫、魚介類など生物の多様性といった人間生存の基盤となる自然資本を経済価値に換算して数値化することができなかった。報告書では、誰が見ても納得のいく数字をだけを記した」と、池田。

結論は、四百八十七億円の環境投資に対し、二百二十五億円の経済効果を得ている、というものだった。

この報告書は翌年の二〇〇三年一月、優れた環境報告書や行動計画を表彰する第六回環境レポート大賞（地球・人間環境フォーラム、全国環境保全推進連合会主催）の環境報告奨励賞を受賞した。

全国四百社が出した報告書の中で、出色だったことは言うまでもない。

ハウステンボスの環境への取り組みに対する評価は、これだけではない。列挙してみる（括弧内は受賞理由）。

一九九五年六月　環境庁「水環境賞」（水のリサイクルシステム）
一九九七年一月　省エネルギー優秀事例全国大会「省エネルギーセンター会長賞」（運河水入れ替えシステム）
一九九八年二月　省エネルギー優秀事例全国大会「通商産業大臣賞」（生ゴミコンポスト処理システム）
一九九九年七月　国土庁「水資源功績者賞」（水資源の有効利用に対する取り組み）
二〇〇二年七月　内閣総理大臣「緑化推進運動功労者内閣総理大臣表彰」（緑化運動の推進や緑化思想の普及啓発）
二〇〇二年十月　「リデュース・リユース・リサイクル推進協議会会長賞」（生ゴミのコンポスト処理をはじめとする環境への取り組み）

「国はこれだけ賞を出しておきながら、ハウステンボスを不良債権として切り捨てた。結局、目先のことしか考えていなかった」

池田は憤る。

「金融庁の不良債権処理策が加速し、ハウステンボスも危なくなるぞ、と思ったのは、二〇〇二年九月ごろだったかな。だから僕は環境会計など対抗するための『ミサイル』の発射準備を始めたんだ。あと一年くらいは時間があると思っていたけれど、有効な『ミサイル』ができる前に、いきなりやられてしまったよ」

池田が「いきなりやられた」といったのは、新経営陣が選択したハウステンボスの法的整理（二〇〇三年二月二十六日の会社更生法適用申請）のことである。この顛末については後述する。ともあれ、法的整理前の相次ぐ授賞劇は、ハウステンボスへの皮肉な贈り物となった。ハウステンボスはあまりに時代の先を行き過ぎていたのかもしれない。

官房長官会見に発奮

法的整理の日（二〇〇三年二月二十六日）が近づいていた。

池田は盟友のC・W・ニコルにハウステンボス環境会計報告書を手渡し、「これを政府要人に渡してくれ」と依頼した。

「兄貴、まかせてください」。ニコルは二つ返事で引き受けた。

二〇〇三年一月十七日、ニコルは報告書を小脇に抱え、政府要人が参加する懇談会に出席した。

「どうぞ、これをお読みください」

ニコルはそう言って、福田康夫官房長官と竹中平蔵金融相に報告書を手渡した。官房長官と金融相が自邸に戻った後、報告書を開いたか、そのままゴミ箱へ直行だったかは定かではない。ともかく、福田官房長官は、二月二十六日の記者会見で、ハウステンボスの会社更生法適用申請について質問され、こう語った。

「不良債権処理が着実に行われていくことは、これは必要ですねえ」

池田はテレビで見ていた。

「官房長官はハウステンボスを不良債権、と切り捨てた。僕はその言葉を聞いて俄然ファイトがわいた。よーし、とね」

官房長官はこの後、「ハウステンボスは非常に特異な地域をつくっていたのだから、消えてしまうのではもったいない。健康体で生まれ変わってほしい」とも述べている。筆者は、環境への取り組みにも一定の理解を示した発言とも受け取っているのだが……。

「第一回の報告書は考え方を示しただけで、数字に置き換えることができなかった。もう一歩進めて定量化し、会社の危機を救いたい」

官房長官発言に新たな闘志を燃やす池田は、本格的な環境会計報告書作成を急いだ。

「企業会計では赤字、しかし、環境会計では黒字」という事実を政府に突きつけ、ハウステンボスの起死回生を計ろうと考えてのことだった。

池田は、環境省の環境会計ガイドライン作成に携わった河野正男・中央大学教授（会計学）に直接会いに行き、理論構築を依頼した。河野教授は二〇〇三年まで横浜国立大学大学院教授で、わが国環境会計の第一人者。政府会計の改革などを研究テーマとしていた。

「人選は先生にお任せします。ただ、生態学者はぜひメンバーに加えてください」

池田は重ねて頼んだ。河野教授は趣旨を理解し、快諾した。ほどなく総勢十三名のメンバーがそろった。

海洋生態学の分野からは、最高権威の高橋正征・高知大学教授が参加した。高橋教授は、海洋生態系の仕組みと地球環境への働きの評価、海洋深層水資源の利用などを研究テーマとし、『よくわかる海洋深層水』、『海にねむる資源・海洋深層水』などの著書で知られる。

陸上の生態系については、鈴木邦雄・横浜国立大学大学院教授が担当した。鈴木教授は、環境マネジメントにも詳しい。

このほか、九州大学、関西学院大学、農水省の研究員、富士総合研究所の研究員ら、わが国を代表する会計学や生態学の専門家チームができた。

後は研究費である。第一回目の報告書はハウステンボスの予算でつくった。しかし今回、社長は「予算は組めない」と、池田の要求を拒んだ。合理化一本槍の会社に、もはや研究費を予算化する余裕はなかった。

窮余の策として、池田は自ら会長を務めていたハウステンボス環境研究会から研究費を捻出した。同研究会は法人会員七十四社、個人会員三十八人の任意団体。ハウステンボスの「支援者集団」とも言える組織であった。その年会費などから五百万円を研究費に充てた。

作成メンバーは、同研究会の環境会計小委員会の委員として作業に着手した。河野教授が委員長になった。委員会の会合は二〇〇二年十二月六日に初めて開かれ、二〇〇四年一月二十九日まで計十回開催された。作成メンバーは、それぞれの専門分野で国際的に認められた手法を用いて、ハウステンボスの環境への取り組みを、お金に換算した。

環境会計では「黒字」

渾身のリポート「ハウステンボスの創造型環境会計」報告書は、二〇〇四年六月に完成した。その結果、「ハウステンボスは企業会計上、大きな負債を抱えているが、環境会計では大きな資産を有した会社である」という結論が導き出された。

概略を記す。

まず、ハウステンボスが創業以来十年間で蓄えた生態系、土地改良、運河、淡水化プラントなどの「環境資産」を一七五三億八九〇〇万円と算出。これに対し、園内で運行しているバスや船が排出する二酸化炭素など営業活動によって損なわれた「環境負債」を四三億九一〇〇万円とした。差し引き一七〇九億九八〇〇万円の黒字である。さらに、園外での観光客の飛行機利用や建設時にかかった環境負荷を差し引いても、なお一六五二億九〇〇〇万円の黒字とした。

要するに、更生手続き中のハウステンボスは、企業会計上は赤字会社だが、視点を変え、環境会計という尺度で見ると、大きな黒字会社になる、というわけだ。

河野教授は、筆者の取材に対して次のように解説してくれた。少々専門的になるが、紹介しておこう。

「日本では環境省の推奨により、約六百社が環境会計報告書を作成しているが、いずれも環境省のガイドラインを下敷きにしたものだ。つまり、フロー（年々の費用、年々の投資額）に対して、どれだけ環境負荷が増えたかという、いわゆる『費用対効果』を算定しているわけだ。これは、政府および各企業の当面の関心が、ゼロエミッションを目指し、環境負荷物質を減らすことにあったからだ。

今回の報告書では、これまでのこうした手法とはまったく違うアプローチをした。

最初に、ハウステンボスが荒れ地だった工業団地を整備し回復させた海と緑を、理論的にどう評価したらよいのかの枠組みをつくった。そのうえで、埋立地で元の資産がないところに自然資産を増やしていくのにどれだけかかるかを推計した。

すなわち、フロー対ストック（環境資産、自然資産）の概念を取り入れたわけだ。それを組織的、体系的にはじき出していった。こうした手法で作成された環境会計は日本で初めて。世界にも例がない」

報告書が「創造型」と命名されたゆえんである。

河野教授は、この方式について、「鉄鋼、電力などの会社や自治体では取り入れることができるだろう。緑資産をたくさん持っているから」と付け加えた。

考えてみれば、モナコ公国とほぼ同じ面積を持つハウステンボスは、小さな国のようなものである。それを私企業が建設、運営している点に問題があるのかもしれない。

池田は言う。

「ハウステンボスは、本来、自治体がやるべきことをやった。公共投資によって破壊された自然環境を蘇生させるために、あの、諫早湾干拓に匹敵するような投資をした。この取り組みを客観的に数値化したのがこの報告書なのです」

池田がもう一つ強調するのは、息の長さである。

「そもそも、自然生成のサイクルの単位は通常二十年から三十年。最小単位でも八年。単年度決算の企業会計と長い時間をかけて行う環境会計は、全然違う」

戦後日本は、経済発展の影で自然環境が著しく損なわれた。原因の一つは、単年度の企業会計の数値だけで企業の優劣を評価するという、社会通念にあるといっても過言ではないだろう。

「企業会計だけではだめ、従来型の環境会計でもだめ。企業は活動すればするだけ環境を壊すのだから。国家予算だって単年度だからだめなんだ。今は、社会の仕組みそのものを変えないといけない時。僕はハウステンボスの社員たちに、もっと自信を持て、と言いたい。ハウステンボスは環境をクリエートし、バックアップしている企業なんだから」

報告書で示されたデータをどう活用したらいいのか。河野教授は次のように指摘した。

「ハウステンボスは通常のやり方、従来パターンではうまく行かなかった。だからこそ、もう一つの視点として環境を戦略的に利用することが大切ではないのか」

報告書は二〇〇四年六月十八日、ハウステンボス環境研究会総会の席上で公表された。

法的整理から一年四か月が過ぎ、すでに更生手続きが始まっていた。四日後の六月二十二日には、ハウステンボスの関係人集会で、更生計画案が可決されている。

これにより、新しいスポンサーになった野村プリンシパル・ファイナンスによる再建計画が動き出した。しかし、その野村もハウステンボスを再生できないまま、経営のバトンを旅行会社「エイチ・アイ・エス（HIS）」に手渡すことになる。

ハウステンボスを取り巻く状況は時々刻々と変化していく。だが、二〇〇四年の報告書の価値はいささかも減じない、と筆者は思う。「経営破綻」という傷ついたイメージを回復するのにきわめて有効な、理論的なリポートであると確信している。

「Xデー」迫る

小泉内閣が推し進める不良債権処理が、ハウステンボスを実質的に経営するみずほフィナンシャルグループを追いつめていた。竹中平蔵金融相の「金融再生プログラム」に基づき、みずほの不良債権額は二兆円に上積みされ、融資残高が一〇〇〇億円にのぼるハウステンボスは、その大口処理の対象となった。

二〇〇二年十二月、ハウステンボスは、みずほの大口債務者として日銀の特別調査を受けた。調査は、全国豊かな海づくり大会ご出席のため、佐世保入りされていた天皇皇后両陛下がハウステンボス・ホテルヨーロッパ迎賓館にお泊まりになった直後に始まった。

調査の結果、ハウステンボスは経営実態が再建計画を大幅に下回る「破綻懸念先」にランク付けされた。みずほは、百貨店「そごう」の整理を担当した弁護士チームをハウステンボスに送り込み、法的整理の準備を始めた。

メーンバンクの「破綻懸念先」になったハウステンボスの命運は、今にも尽きようとしていた。

「ハウステンボスはこれからどうなるのか」

当時、新聞記者としてニュースを追っていた筆者は、広報担当者を通して会長の池田に取材を申し込んだ。

「経営に関する取材は一切お断りいたします」。広報担当者からの回答だった。当然である。こちらも、そんなことをストレートに聞こうなどとは思っていない。

十二月十三日、西彼町風早郷琵琶ノ首鼻の池田邸を訪ねた。すでに面識があったからだろう、池田は会ってくれた。囲炉裏をかこんで雑談をする。池田は火をくべながらつぶやいた。

「これからハウステンボスがどう扱われるかで、日本がどういう道を進むのかが分かるよ」

煙が目にしみる。目をしばたたかせながら、池田の言葉を玩味する。深く、重い意味が込められているように感じた。

やはり、倒産するか——そう思った。同時に、それなら、それでよかろう、と開き直るような気持ちもわいてきた。ハウステンボスの真の価値は、五十年後、百年後に分かる、と確信していたからだ。

「ただ」の自然をどんどん壊し、ごみを垂れ流して儲けているのが優良企業で、巨額を投じて壊れた自然を回復させたハウステンボスは「不良債権」だという。国は銀行に不良債権の処理を迫り、銀行はハウステンボスへの資金提供を打ち切る。これは結局、国がハウステンボスを見棄てるということではないか。こんなことでいいのか、日本という国は。このままでは、日本は沈没してしまうぞ。池田が言いたいことは、こういうことだろう、と想像した。

池田はぽつり、と言った。

「ハウステンボスが社会的に何をしてきたか、(政府、日銀には)それを査察して、しっかりと見てほしい」

年も押し詰まった十二月下旬。「取り付け騒ぎが起こるかもしれない」。銀行筋から、そんな情報が漏れ出した。

不穏な空気を察知した報道関係者は、銀行幹部やハウステンボスの役員への「夜討ち朝駆け」取材を開始した。

ハウステンボスが経営破綻する日は近い。「Xデー」はいつか。その日を割り出して「特ダネ」

にしようと、記者たちは駆けずり回った。法的整理となれば、裁判所に会社更生法か民事再生法の適用申請が出されることになるだろう。そう踏んで、弁護士や裁判官の自宅に押し掛け、情報収集を試みる記者もいた。

冬の夜。コートの襟を立て、物陰に潜む記者。足早に家路へと急ぐ裁判官に、「夜分申し訳ありません。○○新聞の者ですが……」と声をかける。

「私の所へ来てもむだだよ」、「私に聞くのはルール違反だよ」。取材を受ける側は、記者の熱意は買いながらも、冷たくあしらうしかなかった。

池田邸にも夜討ちをかける記者が出てきた。

「ごめんください。夜分恐れ入ります」。突然、玄関先に現れ、社名を名乗る記者。

「こんな夜中に何事だっ。無礼者っ!」。池田はものすごい剣幕で追い返した。

二・二六前夜

年が明けた。二〇〇三年。

ハウステンボス法的整理の準備は、メーンバンクであり、実質的な経営者でもある「みずほフィナンシャルグループ」の手で秘密裏に進められていた。みずほが描くシナリオの詳細を、創設者で元社長の神近に近い生え抜きの役員たちは、まったく知らされていない。みずほ出向者と「生え抜き」役員の間で、不信の溝が広がっていた。そんな中での報道関係者の夜討ち朝駆けは、役員たちの神経をさらに逆なでするものだった。

Xデーの三日前のことだ。ある役員が、抜き打ちで社長室を訪れた。社長の森山道壮は、みずほから派遣された二代目の社長である。

「社長、本当のところ、どうなんですか」。役員がただす。

「……」

「新聞記者が毎日、自宅に聞きに来るんですよ」

「そうですか……」。森山は沈痛な面持ちで答えた。

「申し訳ない。法的整理に入らざるを得なくなったのは事実です」

「やはり……。しかし、どうして、もっと早く言ってくれなかったのですか」

「取引先や債権者に知れると大混乱になる。県にも市にも話していない。予定通りに行かないと、どうにもならないのです」

「で、申請はいつですか」

「それは言えない。前日に連絡を入れます。その時には、辞表を出してください」

役員は、鉛を飲み込んだような苦悩の表情を浮かべて、社長室を出た。

この時、Xデーはすでに「二月二十六日」と決まっていた。当初は「三月十日」に設定していたが、取材の過熱により、保秘が難しくなり、早めたという。こうした計画を、みずほ側はハウステンボス役員という「身内」にもひた隠しにしていた。

みずほ側はすでに、ハウステンボスの経営者という立場からハウステンボス最大の債権者という立場に重心を移していたのだろう。筆者の側聞するところでは、報道機関への連絡は午後六時、記者会見は午後七時三十分から、という細かな段取りまで決めていたようだ。これは、主要テレビ局の夕方の全国ニュースに入らないようにするための設定だったという。

「この時間だったら、もしニュースが流れたとしても、テロップだけですむだろうし、夜のローカルニュースでも、映像は記者会見の場面だけになる」。そう踏んでいたらしい。

みずほ側は、これで、観光客へのインタビューや、園内の風景を撮影されることはなく、事件の衝撃を和らげることができる、と考えたのだろう。しかし、それは、あまりに甘い観測というほかはない。日本の報道機関の取材力は、それほどやわではない。事実、このシナリオは完全に崩れた。

新聞各紙は一部を除いて「二・二六」当日の朝刊一面トップで、「ハウステンボス会社更生法適用申請へ」と報じた。テレビも「二・二六」の朝から全国ニュースで取り上げた。もちろん、園内の映像も、社員の表情も、観光客の声も流れた。

もしも……神近が社長だったら、報道機関に対して、もっとオープンで、小細工などしなかっただろう。事前に信頼できる記者と腹を割って話をし、どのような発表形式が、債権者への非礼がなく、ハウステンボスの今後に一番望ましいかを決めたに違いない。要するに、ハウステンボスをどれだけ愛しているかの差であろう。

とまれ、みずほ側は最後の最後まで秘密主義に徹し、マスコミの動きを警戒した。

地元自治体で、出資者でもある佐世保市の光武顕市長、長崎県の金子原二郎知事への連絡も、Xデー前日の二月二十五日の夜も更けてからだった。情報漏れを警戒しての措置とはいえ、これまた、失礼な話であろう。

佐世保市の光武邸の電話が鳴ったのは午後十時半。

「努力してきましたが、これまで通りの経営は難しくなりました。法的手続きを進めることになります」

森山の説明を聞いた光武は、電話を切ると受話器を置く間もなく、直ちに市幹部に指令を出した。

「明朝七時半に集合だ」

知事公舎への電話は、なんと日付が変わって二十六日の午前零時四十分だった。

運命の朝

二月二十五日。日が暮れて、冷え込んできたころ、佐世保市中心部のホテルに、報道関係者が次々とチェックインした。長崎市や福岡市から応援部隊として駆けつけた記者やカメラマンたちだった。駐車場には、ふだん見かけないテレビの中継車が並んだ。新聞各社の総支局は深夜まで煌々と明かりがともり、記者たちがせわしげにパソコンのキーボードをたたいていた。

二十六日付朝刊用の原稿が次々と本社に送り込まれた。間もなく、ファクシミリが「カタカタカタカタ」と鳴り、刷りあがったばかりの紙面が届く。

一面トップに白抜きの横大見出し。

「ハウステンボス会社更生法適用申請へ」。談合したわけではないが、見出しは各紙同じだった。

運命の夜はこうして明けた。

二月二十六日朝。

森山道壮社長以下、ハウステンボスの幹部たちは朝刊を開いて驚倒した。森山は「午後二時から」と案内していた臨時取締役会を、急遽、開園前の午前八時に繰り上げた。

取締役会で代表取締役の森下社長、池田会長を含め役員全員の辞表を取りまとめたうえ、長崎地裁佐世保支部に会社更生法の適用を申請しなければならない。

役員を乗せた黒塗りの車が次々とハウステンボスの管理棟に滑り込む。一様に表情は固く、足早に建物の中へと消えていく。全役員、辞表を持参しての早朝出勤だった。

「ご迷惑をかけ、おわび申し上げます」

取締役会は、森山の謝罪の言葉で始まった。全員に新聞記事のコピーが配られた。

池田は泰然としていた。言いたいことは山ほどあったが、沈黙を守った。代表取締役という立場上、この場面で軽々に物を言うことはできなかった。この期に及んで、何ができるのか。冷静に判断し、チャンスをうかがう必要があった。

森山は、会社更生法適用申請に至った経緯を説明した。会社更生法は、株式会社が破産を避けて再建を図る整理方法である。事業の維持と更生を目的とするが、手続き開始と同時に会社は財産の管理、処分の権限を失い、管財人がこれを専有する。経営陣は総退陣することになるので、経営者がそのまま残ることも可能な民事再生法に比べて経営責任明確化の意味合いは強い。管財人は更生計画案を作成、裁判所に提出し、関係人集会の賛成と裁判所の認可により、更生手続きが成立する。

取締役会は三十分で終わった。出席した役員から異論は出なかった。

午前九時、弁護士が長崎地裁佐世保支部に申し立てを行うと、支部は直ちに東京地裁に移送。東京地裁は午前十時前、ハウステンボス全財産の保全管理命令を出した。

電光石火である。

保全管理人には、桃尾重明弁護士、その代理、補佐として十人の弁護士が選任された。

負債総額約二千二百八十九億円。債権者約千百社。借入金約千八百億円のうち、約一千億円がみずほコーポレート銀行だった。

ハウステンボスの営業は午前九時から平常通り行われたが、社員らの動揺は隠せなかった。神近が社長を辞任し、会社が銀行管理になって三年。社員たちの多くはこう言っていた。

「会社は嫌い。でもハウステンボスは大好き」

社員たちは奮起した。入国ゲート近くで観光客を案内していた女性社員は、自分に言い聞かせるように言った。

「私たちが暗くなっても何も変わらない。明るく笑顔で、初心に戻って精一杯頑張ります」

園では、メーンイベントのチューリップ祭が開かれていた。色とりどりの百万本のチューリップが満開だった。植え替え作業中の業者の女性は、心配そうに言った。

「これからどうなるんでしょうか。十年間こうやって、花を見に来てくれるお客さんのために、花を絶やさないようにしてきたんですよ」

事務棟に出勤してきた男性社員は、「東京からの出張帰りです。新聞を見て初めて知りました。寝耳に水で何と言ったらいいのか分かりませんが、とにかくこの危機を乗り切るしかありません」と気を引き締めた。

約五千七百万円を出資する佐世保市は、緊急対策本部を設けた。光武顕市長は午前七時半からの緊急幹部会議で、「市にとって、ハウステンボスの存在意義は非常に大きい。一丸となって守らなくてはいけない」と檄を飛ばした。

佐世保市と同額の出資をしている県も金子知事を本部長とする対策本部を設置、午前八時半から会議を開いた。知事は、「営業は続けると聞いて、ひとまず安心している。ハウステンボスは県観光の目玉だ。多くのテナントと従業員を抱えており、最大限の支援をする」と約束した。

記者発表の場で

会社更生法適用申請の記者発表は混乱を避け、ハウステンボスから約三キロ離れた佐世保市崎岡町のウェルサンピア佐世保（二〇〇八年三月に閉鎖）で行われた。会見に臨んだのは、森山道壮社長、申立代理人の松嶋英機弁護士、池田武邦会長の三人だった。中央に森山、向かって右に松嶋、左に池田が座った。

「ご迷惑をかけ、おわび申し上げます」

テレビカメラのライトを浴びた森山は、立ち上がり、机に指をついて深々と頭を下げた。カメラのストロボが、まばゆいばかりにたかれ、シャッターを切る音が連続して響く。

「ぎりぎりの選択でした。地元をはじめ多くの関係者にとっても最善の選択だったとご理解いただけるよう、再生に向けて全力を尽くしたいと思います」

記者団から経営手腕について問われると、「短い期間ではありましたが、経営体質の改善に取り組み、従業員のレベルアップを図ることができたと思います。一方で、こうすればよかったという部分も多々あります」と答え、唇をかみしめた。

「会社更生法の申し立てはいつ決断したのか」

「今後のみずほ側の支援体制はどうなるのか」

「従業員への思いは？」

「新しいスポンサー候補は？」

「スポンサーの条件は？」

記者団とのやりとりは延々と続いた。答えるのは、森山と松嶋。池田は何かを待つように沈黙したままだった。

そして、森山の答弁が終わり、記者団の質問が途切れた一瞬の間に、池田はサッとマイクを握ったのである。

「私からも一言いわせて頂きます」

記者たちは顔を見合わせ、「一体何を言い出すのだろう」と怪訝な表情を浮かべて池田の口元を見つめた。

「私はハウステンボスの経営理念についてご説明申し上げておきたい」

会場は静まり返った。記者たちはメモの手を止めた。

池田は声を張った。

「戦後の日本は自然を食いつぶしながら経済発展してきました。ハウステンボスの土地は、もともと工場誘致のために造成されていたところで、木一本も生えず、生態系が壊れていました。しかし、十年間の従業員の努力の結果、絶滅の危機にひんしているハヤブサやコムラサキの姿が見られるまでに、自然が戻ってきました。生態系のピラミッドが完成するまでになったのです」

2003年２月26日の記者会見。左端が池田さん

記者たちは池田の気迫に圧された。

「ハウステンボスでは昨年から、回復した環境の価値を算定する環境会計を導入しました。

ハウステンボスが回復させた環境の価値は、おそらく何千億円です。環境会計で見ると、ハウステンボスは大きな黒字を出している企業なのです。

だが、残念なことに、日本ではまだ環境会計の基準が確定されていないのです。以上、蛇足ではありますが、申し上げました」

池田は静かにマイクを置いた。

会見を取材していた読売新聞記者・大石健一は、当時を振り返って次のような感想を述べた。

「緊迫した席上での、池田さんのあの発言は異様でした。記者たちぽかん、としていましたね。それにしても、経営破綻の会見の席上で、ハウステンボスは『黒字』と言い放つ池田さんの勇気には脱帽です。報道陣の前で弁解・弁明を繰り返す森山社長を見て、経営責任者の一人として一言いいたかったのかもしれませんね」

池田は、会見の直前まで懸命にハウステンボスを救う努力を続けてきた人間として、このまま黙ってはおれなかったに違いない。今こそ、ハウステンボスの真の姿、揺るぎないコンセプトを、報道を通して全国民に知ってもらおう。この機を逃して発言の機会はない。そう思って立ち上がったのだろう。

池田は、最後まであきらめていなかった。絶体絶命のピンチをチャンスに変えようとしたのである。池田は常々言っている。「環境問題は、先の戦争と同じである」と。立場ある人間が、言うべき時に声を上げず、下を向いて物を言わない。その結果、ズルズルと坂を転げ落ちていく、ということらしい。

池田は、言うべき時に、言うべきことをきちんと言う姿勢を貫いた。残念なのは、この日の池田発言を理解し、取り上げた新聞、テレビがなかったことである。だが、会見に参加した経済部や社会部の記者たちは、「ハウステンボスは、他の倒産したテーマパークとは何か違う」と感じたはずだ。なぜなら、これ以後の報道で、「放漫経営」「杜撰な会社」などという記事はまったく見られなかったからだ。

神近から経営を引き継いでわずか三年での経営破綻。もっと責任を追及されたかもしれないはずの、みずほ関係者も、池田発言に救われたと言えるだろう。

不思議な現象

「経営破綻が報じられると、ハウステンボスは社会的信用を失って、来客数が激減するのではないか」。池田は危惧していた。

これまで、法的整理に追い込まれたテーマパークは、ことごとく報道をきっかけに来場者を減らし、閉園に追い込まれるのが常だったからだ。

ところが――。

「経営破綻」のニュースが全国を駆け巡った直後、ハウステンボスでは、不思議な現象が起きた。

「ハウステンボスを救え！」という声が長崎県内外からわき上がり、支援ツアーが組まれ、観光客がどっと訪れ始めたのだ。

県議会で金子原二郎知事はぶち上げた。「三、四月の二か月で、県民十万人がハウステンボスを訪れる県民運動を展開する」。金子知事は、福岡、佐賀、大分を行脚し、各県知事に協力を要請した。国会、国交省にも出向いた。

JR九州は、二十万人を送るキャンペーンを開始。佐世保市の商店街は、アーケードで年間会員「モーレンクラブ」への加入キャンペーンを始めた。

島原半島のホテルや旅館の女将たちは、あでやかな着物姿でハウステンボスを訪れ、「がまだせ！　ハウステンボス」と書いた横断幕を広げて、場内を行進した。普賢岳噴火災害の後、ハウステンボス開業がきっかけで雲仙観光が復活したことへの返礼でもあった。

来園者たちは口々に言った。「この美しい自然をなくしてはいけないと思うんです」

社員たちも張り切った。

「二・二六」から三日間の入場者は、前年比一・五倍増の約三万人。売り上げは、前年を二割以上、上回った。激励メールは四百五十通を超えた。支援の輪は、だれも予想しなかったほど大きく広がり、ハウステンボスの底力を見せた。

銀行には切り捨てられたが、市民、県民は、ハウステンボスを見捨ててはいなかった。メディア各社の論調も、おおむね好意的だった。

池田は、「本当に経営に誤りがあったのなら、だれも支援しない。これだけ多くの人が支持してくれるのは、モノがいいから」と分析した。

戦後日本の開発のあり方とは正反対の、自然をよみがえらせる街づくりに挑戦してきた池田と神近。二人は、目先の利益にとらわれず、子や孫にとっていいことか、ツケを残すことになりはしないか、そういうことを常に考え、行動してきた。その姿勢がようやく理解され、経営破綻後のハウステンボスに不思議な現象をもたらしたと言えよう。

ハヤブサが帰ってきた

ハウステンボスという会社は破綻してしまった。しかし、ハウステンボスという「街」は着実に成長を続けていた。

草木も生えない荒地が緑豊かな大地に生まれ変わり、驚くべきスピードで自然生態系がよみがえりつつあった。園内でハヤブサの生息が確認されたのは、二〇〇一年の暮れのことだ。オランダの尖塔教会を再現したシンボルタワー「ドムトールン」(高さ一〇五メートル)の九〇メートル付近に巣をつくっていた。

ハヤブサは環境省のレッドデータブックで「絶滅危惧Ⅱ類」に指定されている希少な鳥である。同じ猛禽類のワシやタカとともに食物連鎖の頂点に立っている。

食物連鎖という「食う—食われる」の関係はピラミッド状になっており、その底辺部分には樹木や草などの植物がある。その植物を、草食性の昆虫や小鳥、小動物が食べる。それを、肉食性の動物が捕食する。このような連鎖は複雑に絡み合いながら、底辺から六段階位を経て頂点に達する。

ハヤブサが生息しているということは、その地域では生態系ピラミッドが成立しているということに他ならない。

「木一本、昆虫一匹いなかった土地にハヤブサが帰ってきた。これは本当に大きなことだ。三十

ハヤブサの生息が確認されたドムトールン

年はかかると思っていた生態系の蘇生が十年で実現した。予想以上に早かった」

池田は感慨深げに語る。

ハヤブサは江戸時代、日本列島各地に生息。人々に親しまれ、鷹狩りにも使われた。海に面した断崖絶壁に巣をつくる習性があり、大村湾の風を受けて立つハウステンボスのドムトールンも巣づくりに最適の環境だったのだろう。

「江戸時代には、日本じゅう至る所にハヤブサがいた。ハウステンボスにハヤブサが住み着いたのは、江戸時代と同じような健全な自然生態系が復活した証しだ」

持続可能な循環型社会のモデルとして、国民三千万人（当時の推計人口）が自然の恵みを享受して生きた「江戸」。それを、ハウステンボスの基本コンセプトに選んだ池田の試みは、見事に成功したのである。

「一度破壊された環境でも、周到な計画とそこにかかわる人々の不断の努力があれば、必ずよみがえることが証明された。自然は正直だ」

池田は目を細める。

壮大な夢の実験場ハウステンボス。そこに出現したハヤブサは、ハウステンボスで働く社員たちに大きな自信と勇気を与えた。まさに、二十一世紀の自然再生への希望の鳥だった。

同じころ、長崎県の絶滅危惧種コムラサキチョウも、園内数か所で見つかった。生息する野鳥や水鳥は六十種を超えた。運河には、生きた化石カブトガニやタツノオトシゴもやってきた。クロダイ、スズキから小魚まで、大村湾に生息する水生生物はすべている、という状態になった。

「日銀には、こういうところを査察してほしかったんだけどな」。池田は苦笑する。

神近義邦、みずほグループ、管財人弁護士、野村証券グループ、エイチ・アイ・エス……。街の主はコロコロ変わり、そのたびに一喜一憂、右往左往する人間たち。それに比し

運河にもたくさんの水鳥が棲みつくようになった

て、何が起ころうと、木陰や運河でのんびり羽を休めている水鳥たちの優雅さは、どうだろう。建物のレンガも歳月を刻んで渋みを増し、重厚さを加えてきた。経済界の尺度では「不良債権」かもしれない。しかし、筆者は、ここを理想郷と呼ばずにはおれない。

会社滅んで

会社更生法の適用申請を機にハウステンボス代表取締役会長を辞任した池田は、平穏な日常を取り戻していた。「二・二六」の記者会見から一か月近く経った三月二十一日、筆者は西彼町風早郷琵琶ノ首鼻の池田邸を訪ねた。まばゆいばかりの春の日差しに包まれた午後だった。

「切腹し、城を明け渡し、身軽になったよ」

池田は快活だった。

「僕は一九四五（昭和二十）年四月、沖縄海上特攻で一度死んだ人間。何度切腹しても大したことはないよ」

陽気に誘われて庭先の海岸に出る。波静かな大村湾は、まるで鏡のようだった。水面がキラキラと輝いている。

「帝国海軍だって滅んだんだからね。それに比べれば、ハウステンボスなんて小さい小さい。会社更生法なんて茶番だよ。金融庁、銀行の都合に過ぎない」

池田は笑った。

「でも、こうして海辺に寝転がっても、会長の時とは解放感が違うね。そうそう、この間、海の上に満月が出ていてすごくきれいだったよ」

神近が去った後のハウステンボスでの三年間、池田は孤軍奮闘した。その怒濤の日々にも、一応のピリオドが打たれた。

石垣に腰を下ろし、弁当を広げる。

琵琶ノ首鼻の海と池田さん（邦久庵で）

「ハウステンボスは壮大な実験場だったんだ。国がやるべきことを、銀行のお金を使って一企業がやったんだ。もちろん債権者には心から謝らなければいけないけれどね」

そう言って、妻・久子の結んだ握り飯をほおばる。

池田は常に日本の未来を見据え、目先の利益にとらわれず、子々孫々のことを考えて行動してきた。その結果、荒涼とした「死の世界」は、十年の歳月を経て、運河に囲まれた緑の大地に生まれ変わった。

池田は、沖縄特攻から生還してきた時に見た祖国の「山河」を、佐世保市針尾の工業団地跡に見事によみがえらせたのだ。

「僕は、日本のためにいいことをしたと思っている。あと十年したら真価が分かるよ」

大村湾に注がれた池田の視線は、ピリオドの向こうへと突き抜けているように見えた。

超高層建築への道

大村湾から始めよう

雨が降っている。小豆のような雨粒がアスファルトの道路を激しく打ち、行き交う車は盛大に水しぶきをはね上げている。筆者は、長崎県佐世保市の市街地から西海市西彼町風早郷へと車を走らせていた。

ハウステンボスを経て西海橋を渡り、長崎オランダ村、バイオパークの前を通り過ぎる。小高い丘を登り下りすると、大村湾に長く突き出た岬、琵琶ノ首鼻が見えてくる。その突端に茅葺きの日本家屋が建っている。池田武邦の居宅「邦久庵」である。

「こんにちは」

「やあ」

池田は、「デッキ」と呼んでいる板張りのテラスに立ち、いつものように海を眺めていた。海に降り注ぐ雨は、音もなく柔らかだった。

戦前、戦中、戦後と、長い航海の末、池田はここにたどり着いた。池田の求めに応じて神近義邦が探した場所である。後に、ハウステンボスプロジェクトにつながる池田と神近の出会いもこの岬から始まっている。

岬の周囲には、海があり、山の緑がある。魚がいる。虫がいる。鳥がいる。

大村湾を見渡す「邦久庵」のデッキで

岩盤は三億年前、海底の沈殿物によってできた。その後、隆起して地上に現れ、周辺が再び沈降し、海水が流入して湾になった。近くでは、貝塚も発見されており、太古の昔から人が住んでいたことを裏付けている。

ある時、東京から訪ねてきた知人がこう言ったという。

「ここは何もないところですねえ」

池田は苦笑した。

「何を言ってるの。こんなにたくさんあるじゃないか」

池田は、平成日本人の多くが、何かを著しく欠落させているように思えてならない。

「ある」。確かに「ある」のである。都会の生活では決して得られない自然の恩恵が。

邦久庵前の海は、早岐瀬戸、針尾瀬戸の狭水道を経て佐世保湾、東シナ海、太平洋へとつながってい

軽巡洋艦「矢矧」。この軍艦に池田さんも乗っていた

る。池田には太平洋の大海原を勇躍した日々があった。紙一重の生と死があった。地獄絵図のごとき修羅場があった。生還率ゼロの特攻という壮烈な事実があった。

「余生なんだ。あれからずっと……」

一九四五（昭和二十）年四月七日、戦艦大和以下、連合艦隊最後の出撃となった沖縄海上特攻で、池田の乗っていた軽巡洋艦「矢矧」は撃沈された。池田はこの日が自分の命日だと思っている。

「不思議なことがあるもんだよ。この前、海を見ながら戦死した部下のことを考えていたら、その妹さんから突然手紙が来たんだ」

予備学生出身の少尉。同じ矢矧の乗組員だった。鹿児島県・坊津沖で矢矧が沈み、海に投げ出された池田は、同じように重油まみれで泳ぐ少尉の姿を見かけた。

「大丈夫か」

「はっ」

しかし、暗く、冷たい海で泳ぐうち、いつの間にかバラバラになった。約五時間の漂流の後、池田は駆逐艦「冬月」に救助された。そこに少尉の姿はなかった。この話を遺族に書き送ったのは、戦後間もないころだ。

半世紀を経て届いた妹さんの手紙には、「昔の手紙を整理していて、ただ懐かしく思い、お便りしました」と記してあった。

兵学校72期の同期の桜たちと。1号時代
（後列中央が池田さん）

運命によって生死を分けた戦友。海軍兵学校七十二期の同期生は、六百二十五人のうち三百三十五人、半数以上が戦死した。

池田は、毎日海を眺めては、国の礎になった友を思い、今なお生き残った自分を申し訳なく思う。

この国が今、「ある」というのはどういうことなのか。私を捨て、公に尽くした英霊の死屍累々の上に立っているのではないのか。生き残った者には事実を正しく伝える責務があるのではないか。

だが、池田は長い間、自らの体験を次の世代に語り継ごうとはしなかった。戦後いち早く日の丸を踏みつけにした変わり身の早い国民にあきれ果て、「若い人には何を言っても分かりはしない」という諦めがあったからだ。

大日本帝国の華の戦士だった池田は、国家の超エリートとして階段を昇っていたところ、敗戦という驚天動地によって、したたか地面にたたきつけられた。そこから必死の思いで立ち上がり、黙々と新日本建設に力を注いできた。海軍仕込みの「負けじ魂」で。

戦後、東京帝国大学を出て建築家となり、日本初の超高層ビル「霞ヶ関ビル」の設計に参加。京王プラザホテル、新宿三井ビルなどの超高層建築の設計を次々に手がけた。ところが、ある日、こうした近代文明の最先端ともいえる巨大ビルが、自然の摂理を無視した建造物であることに、はたと気づく。

建築理念を一八〇度転換した池田は、「自然の作法」を守り、長崎オランダ村、ハウステンボスを世に問う。さらに日本古来の建築へとさかのぼってゆき、茅葺きの「邦久庵」を建てた。ここまで来てようやく、池田は「語り継ぎ」を始めた。

「今の日本人は日本人の顔をしていても、日本人ではない」

伝統をかなぐり捨ててしまった戦後日本への危機感は日増しに強まっている。

「このままでは、この国は自らの文化に誇りを持ち、新しい時代に立ち向かっていくことができなくなる……」

邦久庵の囲炉裏端で池田はつぶやく。

「昔はね、こうして囲炉裏を囲んで、おじいちゃんが孫たちに武勇伝を聞かせてくれたものだよ。子供たちは目を輝かせ、拳を握りしめて聞き入っていたよ」

新渡戸稲造が『武士道』で同じような話を書いている。

芝居、寄席、講釈、浄瑠璃、読本などはサムライの物語を主たる題材とした。

百姓たちはあばら家の囲炉裏を囲んで、義経とその忠臣武蔵坊弁慶、あるいは勇敢な曾我兄弟の物語を飽きることなく繰り返す。日焼けした腕白坊主たちは、口をぽかんと開けたままその話に聞き入る。最後の薪《まき》が燃え尽き、残り火が消えても、子供たちは今耳にしたばかりの物語に心を熱くしている。

都会では番頭や丁稚が一日の仕事を終え、雨戸を閉じた後、一部屋に集まって夜が更けるまで、信長や秀吉の物語をする。やがて睡魔が彼らの疲れた目を襲い、店先の苦労から戦場への手柄の夢へ彼らを誘う。

ちよち歩きをはじめたばかりの幼な子は桃太郎の鬼が島征伐の冒険物語をまわらぬ口で話すことを教わる。女の子たちでさえ、サムライの武勇物語に熱心にその耳を傾けたのである。

大和魂はかくして、口伝えに伝承されたのである。

新渡戸によると、大和魂とは、「日本の風土に固有に発生した自然の所産」であるという。元始の自然に囲まれた、大村湾のほとりほど、池田が自らを語り継ぐのにふさわしい場所はないだろう。

超高層から茅葺きへ。池田の半生を追うことによって、私たちはハウステンボスのバックボーンを改めて確認することができるはずである。

原風景

池田は、一九二四（大正十三）年一月十四日、静岡県で生まれた。本籍は高知県。両親も根っからの土佐人である。

父・武義は海軍軍人で、一九〇四（明治三十七）年、海軍兵学校卒業と同時に装甲巡洋艦「常磐」に乗り組み、日露戦争・日本海海戦に出撃している。第一次世界大戦では地中海に遠征。退官後は、横須賀の記念艦「三笠」監督を務めた。

池田が生まれる前年の一九二三年九月一日、関東地方をマグニチュード八の大地震が襲った。神奈川県鎌倉市にあった自宅は倒壊、母・登志は落ちた屋根の下敷きになったが、幸い軽傷だった。妊娠六か月。かばったお腹の赤ちゃんが池田であった。

武義は、駆逐隊司令として旅順にいた。震災救援のため急遽、横須賀入りしたが、家族とはすれ違いだった。登志は身重の体で四人の子供の手を引いて横須賀まで歩き、軍艦に乗り、静岡市鷹匠町に落ち着いた。

池田はこの避難先で産声を上げた。武義四十三歳の時に生まれた末っ子、四男であった。

池田が満一歳の時、一家は、武義の転任に伴い、佐世保に移った。居宅は万徳町の佐世保川沿いにあった。二歳の時、再び本州へ戻り、神奈川県藤沢市に落ち着く。物心ついてからの記憶は、この藤沢から始まっている。池田の原風景は藤沢にある、と言っていいだろう。

「今は市ですが、当時は町。周りはほとんどが農家で、家は藁葺き。集落総出で行う葺き替えの日は、子供ながらに一生懸命、縄を編み、手伝ったものです」

生まれて間もないころ

一九三〇（昭和五）年、藤沢小学校入学。学校は自宅から二キロほどのところにあった。

この年の大ニュースはロンドン海軍軍縮条約締結である。この会議をきっかけに、明治建軍以来の「統制ある海軍」が分裂し、統制を乱し始める。軍縮条約を契機に、海軍内に反英米派が形成され、上層部の親英米派と対立しながら、親独派が生まれたためだ。複雑な機械を動かす海上技術者集団として合理主義に徹していた海軍に、本来体質になじまぬはずの精神主義が広がっていく。

世の中には不穏な影が差し始めていたが、小学生の池田はまだその渦中にはいない。池田少年の関心は、魚釣りやコマ回しにあった。

「友達がみんな農家だったから、学校から帰ると、すぐ友達の家へ行って麦踏みなんかを手伝うのです。ノルマを果たさないと、その子が遊べないから、一緒にやって早くノルマを片づけて、みんなで遊ぶ。そんな毎日でしたね」

一九三一（昭和六）年、池田が藤沢小二年生の時、秋の遠足で江ノ島近くのお寺に出かけた。境内に椎の実がたくさん落ちていた。

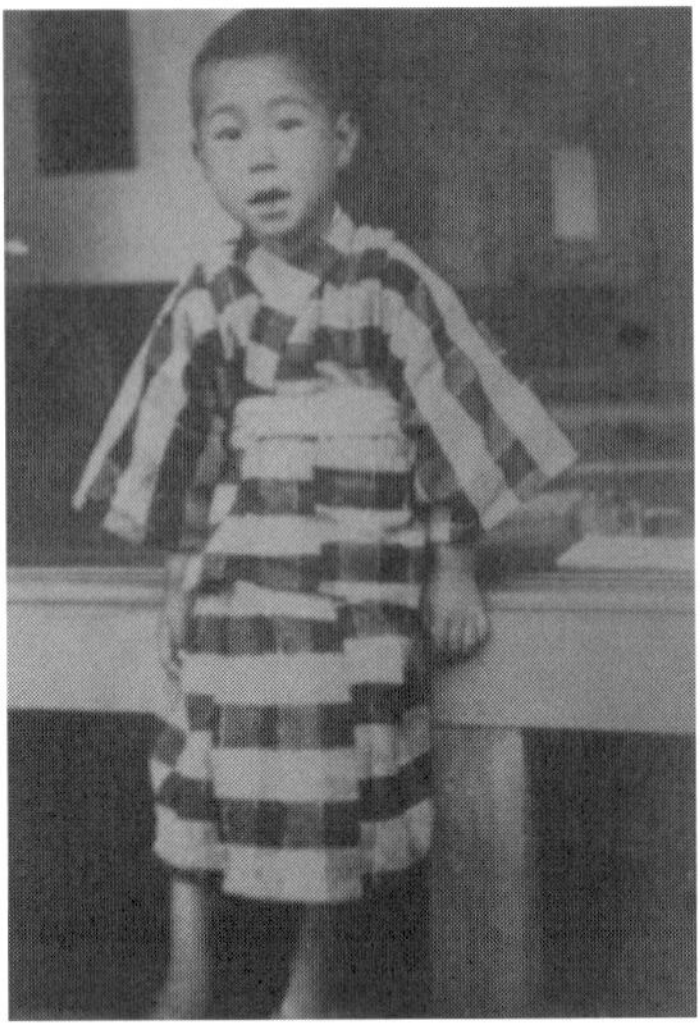
5歳のころ

河合国吉先生が子供たちに言った。

「よーし、一人一個ずつ拾って、教室に持って帰ろう」

「はーい」

子供たちは、あれこれ見比べながら、気に入った実をポケットへ。河合は、その実を、校庭に、一人ずつ名前を付けて植えさせた。子供たちは毎日、熱心に世話をやき、観察した。やがて芽を出し、六年生になるころには、一メートルほどに成長した。

卒業の日、河合は言った。

「よーし、今日はみんな、自分の木を家に持って帰りなさい」

池田は、その椎の木を自宅の庭に植え替えた。その木は今、藤沢の実家に根を張っている。樹齢八十年の大木である。

「風格のある立派な木ですよ。あの木を見るたびに、先生のことを思い出す。いい教育をしてくれたなあ、河合くにきっつぁん、という先生は」。池田は目を細める。

一九三二年、藤沢小三年生のころ、池田は一年間日記をつけている。学校で宿題として書かされたものだ。

池田は、「ほとんど遊びのことしか書いていない」と苦笑するが、今となっては当時の暮らしぶりを知る貴重な資料だ。

小学生時代

「一年通して見ると、遊びが春夏秋冬の季節ごとに変わっているのがよく分かる。例えば、六月の日記には、今日ホタルを何匹捕って、蚊帳の中に何匹入れたとかね」

季節ごとにピックアップすると次のようになる。

春は、タンポポ摘み、レンゲ畑で凧揚げ、フナ釣り、ダボハゼ釣り、エビ採り。夏は、ホタル狩り、海水浴。秋は、稲藁の中でかくれんぼ、

夏休みを過ごした土佐の実家

裏山で虫採り。冬は、凧揚げ、コマ回し。

「夏休みは必ず土佐で過ごした。あのころは、土佐も藤沢も、日本中、風景はそう変わらなかった。畑があって、田んぼがあって、池があって。今、同じ場所に行くと、土佐はほとんど変わっていない。ところが、藤沢はもう、めちゃくちゃ変わってしまった」

ホタルを採った小川は暗渠になり、その上を車が走る。麦踏みをした畑も、カブト虫を採った山も跡形なく消え、住宅地に変わった。土と草のにおいに包まれた古里は、戦後の経済発展によって失われてしまったのだ。

自らの少年時代を振り返って、池田は次のように指摘する。

「幼児期から少年期にかけて、その人がどのような環境で過ごしたのか、つまり、その人の原風景が大人になってからもその人の行動の原点になる。自然に接して大きくなった人は、ふとしたことからその感性がよみがえる。今のように、危ないからという理由で、子供を海ではなく、プールで泳がせたり、山ではなく、きれいに管理された公園で遊ばせたりするような囲い込みは、本来人間に本能として備わった自然に対する感性を鈍くする」

現代の子供たちはどうだろうか。自然いっぱいの生活環境下で伸び伸び育っていると言えるだろうか。巷では、「子供が変わった」、「最近の子供は何を考えているか分からない」とよく言う。筆者は、変わったのは子供ではなく、大人なのではないかと思う。子供から環境を奪っているのは大人の方なのだから。

ともあれ、池田少年の脳裏には、美しい田園風景がしっかりと焼き付いていた。超高層の道をまっしぐらに進んでいた池田が、突然啓示を受けて建築理念を転換し、自然の摂理を最重視するようになった理由はここにある、と筆者はみている。

水へのこだわり

日記と言えば、池田の長兄、武一は、戦前から戦後にかけて几帳面に日記をつけている。その一部は一九八二（昭和五十七）年、『ある軍隊日誌』としてプレジデント社から刊行されている。

一九三四年の夏、早稲田理工学部の学生だった武一は旅行に出かけた。藤沢から陸路門司、門司から海路満州へ。夏休みの一か月を満州で過ごし、藤沢に帰ってきた武一は、日記にこう書いている。

日本という国はなんと美しいのだ。いたるところが緑豊かな公園のようだ。こんなに美しいとは思わなかった。

この日記を読んで、池田は、「満州の荒野と日本の田園風景の違いに改めて感じ入ったのでしょう。当時はそのくらい日本じゅうに自然がいっぱいだった。明治以降、軍事とか産業とかは近代化したけれど、一般の生活環境は江戸時代とほとんど変わっていなかったのです」と話す。

少し飛躍するが、もう一つ、日記の話。幕末の伊豆下田で、初代アメリカ合衆国総領事タウンゼント・ハリスの通訳兼秘書官だったオランダ人、ヘンリー・ヒュースケンが書き残した日記の一節。

この進歩は本当に進歩なのか。この国土の豊かさを見、至る所に満ちている子供たちの愉快な笑い声を聞き、どこにも悲惨な者を見いだすことができなかった私には、この幸福な情景がいまや終わりを迎えようとしており、西洋の人々が彼らの重大な悪徳を持ち込もうとしているように思えてならないのである。

異国人から見た日本の風景もまた、実にのどかで豊かだったようである。ヒュースケンは日本に四年五か月滞在し、一八六一（万延二）年一月十五日夜、江戸で、攘夷派に襲われ、死亡した。享年二十七。開国が進むことに不安を抱きながら、短い生涯を閉じたのだった。

ヒュースケンの生きた時代と池田の少年時代には七十年余の隔たりがある。しかし、風景や人々のライフスタイルはほとんど変わっていない。それらが劇的に変化するのは、やはり戦後である。

池田は戦後日本の市民生活の変化で、特に「井戸」に注目する。

「全国的に水道が普及したのは戦後のこと。戦前は日本じゅうほとんどが井戸に頼っていた。井戸が命の源で、井戸に頼る生活が、周囲の環境を大事にすることにつながっていた」

人々は井戸の水で煮炊きをし、体を清め、田んぼに引いて稲を育てた。その恵みに感謝し、「水神様」として敬った。子供が井戸のそばで立小便などしようものなら、大人たちに「罰が当たるぞ」と、きつく叱られたという。

「年に一度は、近隣の人が集まって井戸替えという清掃を行った。水を全部さらうと、新しい水がしみ出てくる。これを掃除の後にみんなで飲む。こうした行事を通して、周囲の環境が汚れると、井戸が汚れ、きれいな水を確保できなくなることを学んでいった」と池田は回想する。

井戸から川へ、川から海へ。この過程でも、ごみを捨てて汚すような日本人はいなかった。そういう行為は「水神の怒りをかう」と信じて避けてきた。ところが、戦後になって、井戸はふさがれ、小川は暗渠となり、岸辺はコンクリートで固められた。工場は汚水を垂れ流した。こうした、「神の怒りに触れる」はずの行為を平然と続けてきた結果、日本列島の自然環境は著しく損なわれた。

池田は、こうした経済優先の物質主義に真っ向勝負を挑んだ。原風景を想起して、徹底的に「水」にこだわり、長崎オランダ村を設計し、ハウステンボスという巨大な街の創設に取り組んだ。汚水を一滴も海に流さず、土壌を改良し、護岸を自然石にし、自然環境の回復に途方もない金をつぎ込むのは、投資効率を追い求める考え方に立てば、非常識きわまりないことだった。それでも池田は頑なに、日本古来の自然の作法を守り抜いた。

天罰が下る前に

一九三五（昭和十）年、この年、池田は小学校を卒業し、県立湘南中学に入学する。

前年暮れに、日本は欧米を縛り付けておくはずのワシントン軍縮条約を破棄、軍艦建造競争のタガは外れ、世の中はおかしな方向に進み始めていた。美濃部達吉の天皇機関説への攻撃が激化し、「国体」という耳慣れぬ言葉が飛び出したのも、この年。やがて、「国体」を守るのが良い国民、守ろうとしないのは非国民、とする善悪二元論が横行する。何をするにも、「個」よりも「公」が優先された。しかし、国民は何事も皆で助け合い、分かち合う、というライフスタイルを堅持していた。

「例えば、道だ」。池田は言う。

「デコボコが大きくなり、水溜まりができると、近所の人たちが協力して砂利をまき、整地したものです」

「橋だって同じ」と池田は続ける。「当時の橋は木製が多く、大雨で川の水位が上がると、流された。そんな時も住民総出で修理した。子供も手伝った」

下水道も整備されていない。当然、排泄物も自ら管理した。各家庭の肥えは、農家に集められ、肥溜めで浄化されて肥料として畑にまかれた。残飯は豚のえさになった。

「僕らには、自分が食べたものがどうやって土に帰っていくのか、その過程が全部見えていた」

それが、今は——。その道は国道、そこは県道、あの川は国、その川は県というぐあいで、管理はすべて人に任せ、住民が勝手にメンテナンスなどしようものなら罰せられてしまう世の中だ。

「家を一歩出ると、すべてに管理者がいる。この社会のシステムが人々を無責任にさせている。だから、自立だとか、個を大切に、とか言っても、できない。すぐに、国が悪い、会社が悪いと責任を他にかぶせてしまう」。池田はため息混じりに言う。

一九三一生まれで戦時下に育った作家曽野綾子は、「文藝春秋」二〇一二年一月号の特集「日本はどこで間違えたか」で、次のように述べている。

国家が個人の不幸を補償してくれる、などという発想は全くなかった。この人生にはれっきとした不合理、不運、残酷な死があることを終始見せつけられていた。現在でも、実態はそれほど変わっていないと私は思うのだが、誰もが「安心して暮らせる生活」が現世にはあると思うほど甘くなった。(中略)人間の生活の中に含まれる永遠の矛盾や不幸の影を忘れたり否定したりすると、人間は舞い上がり不満はますます募り、その結果人間そのものを見失う、と思っている。

曽野や池田の原風景である日本社会には、「自分たちの暮らしは自分たちで守る」という意識がしっかり根付いていたようだ。出産から葬式まで、人生のすべてが隣近所の助け合いで成り立ち、社会全体が、家族であり、運命共同体であったように思う。

それに比べ、現代は、個人と地域のつながりが極めて薄い。

ラッシュアワーの時間、道行く人は路上に人が倒れていても、助けるのは救急隊員の仕事と決め込んで、助け起こそうとも、駆け寄ろうともしない。火事があれば、119番。喧嘩を見たら、110番。関心があるのは自分の家庭内のことだけ、いや、自分のことだけ。地域社会なんて関係ない。政治にも興味がない。新聞も読まない。これで、地域が崩壊しないはずはない。家庭が崩壊しないわけがない。

池田はぴしり、と言った。

「今は、自分自身の健康とか、命まで、人任せになっているんじゃないか」

戦後、国民はその日その日の生活に追われ、新しい国づくりのために過去を振り返る余裕などなかった。非能率なものはどんどん捨て去り、効率優先で脇目もふらずに経済的繁栄に努めてきた。池田は、「そのために、あまりにも大事なものを切り捨ててきた」と指摘する。「戦争という過ちを犯したのは日本特有のナショナリズムのせいだと言って、それまで培ってきた日本的なものを全否定してしまった。何千年もかけて親から子、子から孫へ伝えてきた生活の知恵みたいなものまで」

池田が一番心配しているのは、未来を担う子供たちから、自然に対する感性を培う土壌が奪われていることだ。

「このまま日本の精神文化が後退していけば、必ず自然から大きなしっぺ返しが来るだろう」

池田は、それを「天罰」と呼ぶ。

「天罰は、人間が生きている時間の単位よりはるかに長い時間をかけて、我々の子供や孫の時代に下る。我々は今、将来子孫が享受すべき自然を先食いしている。言い換えれば、子孫から借金をしている。そのことを肝に銘じなければいけない」

敗戦によって過去を全否定し、運命共同体であることを捨てた国。「自分たちの暮らし、自分たちの国は自分たちで守る」という意識で、共同体の犠牲となった人々のことを忘れた国民。筆者は、これまで軽視したり無視したりしてきた人々の話をきちんと聞き、置き去りにしてきた人々を弔うことが、「天罰」を逃れるための最初の一歩になるのではないかと思っている。

湘南中学

池田が入学した湘南中学は、一九二一（大正十）年創立の旧制中学で、現在の神奈川県立湘南高校である。

「すごくユニークな学校だったよ」

池田は、邦久庵の囲炉裏端で薄茶をすすりながら遠い記憶をひもといた。

「ふつう、先生は師範学校を出た人がなるのだけれど、湘南中は違った。苦学して教員試験を突破してきたという人が集まっていた」

それは、開校以来、二十七年間校長を務めた赤木愛太郎の方針であった。湘南中は神奈川県下五番目にできた中学だったが、赤木は「県下一」とは言わず、「日本一」の中学を目指すと宣言し、自ら優秀な教員を求めて奔走した。

池田が入学した翌年の一九三六（昭和十一）年、二・二六事件が起きた。戦時色が濃くなっていく中、英語は敵性語として扱われた。日英同盟時代とは打って変わり、英語教育熱はすっかり覚めていたが、赤木は「英語はこれからの国際的な活動にどうしても必要である」と言い、あえて英国人教師を招聘した。その名はミスター・ダンカン。ダンカンは、五十人ずつのクラスを二十五人ずつに分けて指導。授業中は一切日本語を使わせなかった。

水泳の授業は最初、江ノ島で行われていた。そのうちプールをつくることになったが、予算がない。赤木は生徒に穴掘りを命じた。教員や卒業生も手伝った。まさに人海戦術だ。これまた、形式にとらわれずに実行するという赤木流教育の一環だった。

こうした時代に流されない自由闊達な校風は、この後、池田が入校する江田島の海軍兵学校にも通じるものがある。

池田が在校中の兵学校校長・井上成美は、「実社会へ出てすぐに目先の役に立つような教育は丁稚教育であって、兵学校が丁稚の養成を目標にするのは不見識」と言い、軍事学に傾きがちの教育を許さなかった。

井上は敗戦を予測し、戦後の新日本建設の人材育成も視野に入れていた、とも言われている。陸軍士官学校が一九四〇年に英語を入試科目から外した際、優秀な生徒が陸軍に流れるとして、兵学校も英語を受験科目から外す動きになった時、井上は、「外国語一つマスターできない人間は帝国海軍では必要としない。本職は校長の権限において入学試験から英語を廃することは許さない」と突っぱねた話は有名である。

湘南高校卒業生の一人である東京都知事・石原慎太郎（一九三二年生まれ）は、母校について次のように述べている。

私の学んでいた高校の前身は戦争中は海軍兵学校の予備校のような旧制中学で、一夜にして価値観が逆転した敗戦の瞬間からは、東大に進んで国家官僚になることを生徒にとってより教師たちの無上の目的と光栄とする体となり、私にはとてもついていけないものになった。

そこでは何でも5点を取れる、つまり官僚の資質を備えた生徒だけが評価される価値観と方法だけがまかり通っていて、少年の私には窒息しそうな場所でしかなかった。

（「産経新聞」二〇〇〇年三月六日付朝刊）

池田の通っていたころの湘南中学と、戦後の湘南高校はずいぶんと違っていたようだ。

「社会環境が全然違うので、戦前と戦後の学校を比べるのには無理があるかもしれないな」

囲炉裏の火がパチパチ爆ぜる。

「僕は子供のころから絵を描くのが好きでねぇ」。中学で、池田は絵画部に所属した。建築家には絵心のある人が多いと聞くが、建築家になる下地はこのころからあったのだ。

スポーツはもっぱら剣道だった。「剣道部で二段だった。最後の五年生の時はキャプテンだった。でもね、中学の剣道なんて、ただ当てるだけで、兵学校ではまったく通用しなかったんだ。完全に骨まで切らなければ一本にならないので、一級に戻って稽古をやり直し、最後は三段になった」

一九三七年七月、日中戦争勃発。一九三九年五月、ノモンハン事件勃発。同九月、第二次世界大戦勃発。

池田が絵を描き、剣道に汗を流していた中学三年から四年にかけて、日本は世界戦争の渦の中に突入してゆく。池田の伸び伸びとした中学生活にも、終わりが近づいていた。

東大進学

一九四〇（昭和十五）年十月、池田は海軍兵学校の入学試験に合格した。湘南中学五年生、十六歳の秋だった。

池田さんが描いたスケッチ

同年十二月、兵学校入校。入校後の五年間は、池田にとって戦後の六十余年をはるかにしのぐ濃密な時間であった。海軍軍人として大東亜戦争の真っ只中にいたのだから。

この間の池田の体験については拙著『軍艦「矢矧」海戦記——建築家・池田武邦の太平洋戦争』（光人社）に譲り、一気に戦後へと話を進めたい。

一九四六年の初め、池田は浦賀で復員業務に従事していた。机に向かって事務を執っていると、父・武義が突然、ぬっという感じで現れた。手に書類を持っていた。

「武邦、大学に行きなさい」

「えっ」

「僕は外地の人が全部日本に帰るまではこの仕事を続けるつもりです」

「いいから、受けてみなさい」

武義は言葉少なに言って、東京帝国大学の受験願書

1933年８月の夏休暇で帰省した際、
記念艦「三笠」艦上で父と池田さん（右）

を机の上に置き、部屋を出て行った。

当時、武義と武邦は藤沢市の長兄宅で一緒に寝起きしていた。

（わざわざ職場まで来ることもないのに……）

ふだん寡黙な父だけに、なんとなくジーンときた。

「まいったなあ」。額に手を当て、願書に目を通す。

「試験まであと一か月半しかないじゃないか。こりゃ無理だ」

頬杖をついて考え込む。年老いた父の困ったような顔が目に浮かぶ。

「やっぱり、このまま放っておくわけにはいかないなあ」。ため息混じりに言った。

「よし、これも、親孝行。ともかく受験だけはするか」

復員局の上司に受験の意志を伝えた。許可はすぐに出た。兵学校時代の物理、英語、国語の教科書を引っ張り出して寝る間を惜しんで勉強した。

兄二人（いずれも早稲田大学理工学部卒）がアドバイスしてくれた。長兄・武一は、「英語はジヤパンタイムスの社説を読んだらいい」と勧めた。英語の勉強はこれだけに的を絞った。次兄・武信は化学のヤマを教えてくれた。

「僕は化学が苦手だった。ところが、兄のヤマがことごとくあたり、そっくりの問題が出た。英語もジャパンタイムスとほぼ同じ内容だった。どさくさ紛れの合格です」

一九四六年四月、東京帝国大学第一工学部建築学科入学。これが建築家の道へと進むきっかけとなる。

「沖縄特攻の一年後には東大入学。この落差は何、という感じでしたね」

通学電車には窓から乗った。乗客があふれかえり、デッキからはみ出していた。目の前で、車外にはみ出していた一人の男性が線路脇の電柱に頭をぶつけて死んだこともあった。

都心は焼け野原だった。

お茶の水駅で降りると、東大医学部の建物が見えた。そこだけ鉄筋だったから焼け残ったのだ。

「惨憺たるものでした。あのころの東京は。明治維新のころの変化も激しかったでしょうが、あの時の時代状況もよく似ていたと思います」

復員の仕事に区切りをつけ、
東京大学に入ったころ

海軍士官から建築家へ。池田の人生航路を大転換させた父・武義は、池田が霞が関ビル、京王プラザホテルなどの設計に携わって日本の超高層建築時代を切り開いたのを見届け、一九七五年、九十三歳の天寿を全うした。この年、兵学校時代の校長だった恩師の井上成美も八十六歳で病没している。

混沌の中から

一九四七（昭和二十二）年、米占領下の日本は混乱を極めていた。七月三日、GHQが三井、三菱の財閥解体を指令。八月十四日、浅間山大爆発、死者十人。九月十四日、キャサリーン台風が猛威をふるい、関東を中心に死者・行方不明者千九百十人。十月十一日、配給だけの生活を守った山口良忠判事が栄養失調で死亡。十月十三日、宮家五十一人が皇籍離脱。

池田は東京大学建築学科の二年生になっていた。夏休みには、施工現場で実地研修を受けた。今でいう、インターンシップ（就業体験）だ。場所は羽田、進駐軍の施設工事現場。

「そこでの現場監督と職人さんとの関係は、海軍の士官と兵隊の関係にそっくりでした」

職人には技術者としてのプライドがあり、大学出の若い技師（監督）が杓子定規な指示を出すと、職人たちは怒って言うことを聞かない。

「あんな言い方をしたら、反感を買う」と思って見ていると、足場板の上で作業していた職人が、技師の頭上にぽとり、とセメントを落とした。職人は知らん顔だ。池田は、「職人を使うのは僕の方がうまいな。施工現場の仕事は僕にもできそうだ」と思ったという。

　しかし一方で、せっかく海軍とは別の世界に入ったのだから、軍隊式ではない方向に進みたいという気持ちもあった。これが、卒業後、施工ではなく、設計に進むきっかけとなる。

　卒業研究では、「火災実験」に取り組んだ。様々な種類の木材を燃やし、燃焼速度を測った。

　一九四九年三月、東大卒業。すぐに、「山下寿郎設計事務所」（現山下設計）に入社した。

「たまたま知り合いが紹介してくれたのです。丸の内の何号のビルに事務所があるから行ってみなさいと。紹介状に名刺を添えてくれて。で、訪ねてみたら、じゃあ明日からいらっしゃいと、トントン拍子に就職が決まった」

卒業研究で燃焼実験中の一コマ

　事務所には三十人ほどのスタッフがいた。戦地からの復員してきた人や、満州からの引き揚げ者が多かった。仕事といえば、進駐軍発注のものばかり。その中心は、進駐軍が接収した家屋の調査。将校用住宅として使うため、畳をはがして土足で上がれるように改造するのだった。
「今日は芝浦、明日はどこそこ、というふうに調査、調査の毎日でした」

物不足、食糧難の時代。街頭では、「鰯一匹よこせ、米一合よこせ」のプラカードを掲げたデモ隊が気勢を挙げていた。現場で作業中、デモ隊が車をひっくり返したり燃やしたりする場面に出くわすこともあった。

日本ばかりでない。国際情勢も混沌としていた。北京・天安門広場で毛沢東が中華人民共和国の成立を宣言したのは、この年の十月。翌一九五〇年六月には朝鮮戦争が勃発する。

栄養失調で倒れる

「建築業界について最初はほとんど知らなかったのですが、やっているうちにだんだんと問題点が分かってきました」

池田は冷静に業界を見つめていた。そこは、封建社会そのものだった。設計事務所は徒弟制度で明確な給与体系もなく、建設現場では下請け作業員が危険の伴う悪環境で働いていた。

「海軍の合理的な考え方からみると、実に古い、非合理な業界でした」

山下事務所では、所長のことを「先生」と呼んでいた。所員たちはその弟子という位置づけで、先生から小遣いをもらいながら勉強をさせていただいている、という感じだった。

「お互いに給料をいくらもらっているのか聞くのもはばかられましたよ」

現場の生産体制もひどかった。「飯場」と呼ばれる作業現場は乱雑極まりなく、少し雨が降っただけで、泥んこになり、作業は中断した。職人たちはその劣悪な環境下で寝泊まりし、そこへ、真っ赤な口紅を引いた女性がやってきては、同居している。雨の日は昼間から酒盛りだ。

池田は、その中に飛び込んだ。

山下寿郎設計事務所時代

「布団から何から全部持ってきて寝泊まりした。自分の設計したものを隅から隅まで見たかったし、それ以上に工事現場というものがどう動いているのか、職人さんがどんな生活をしているのか知りたかったから」

職人たちと酒を酌み交わし、語り合いながら、これが一流会社の請け負った仕事の現場なのか、とあきれる思いだった。

一九五二（昭和二十七）年、山下設計が日本興業銀行の新館建設を請け負った際、池田は設計チーフをしていた。完工までに三人の作業員が事故死した。ところが、その完成式典で、元請けのゼネコンの重役は、「たった三人の犠牲ですみました」という趣旨のあいさつをした。

池田はわが耳を疑った。

「事故原因の追及もせず、『わずか三人』ですますとは、なんという人命軽視だ」

池田は怒り心頭に発した。

「海軍だったら、演習で一人死んでも大変なこと。演習をストップして必ず調査をする。エンジニア集団である海軍では、水兵さん一人も重要なメンバーで、衛生管理もきちんとしていたんだ」

海軍仕込みの負けじ魂に火がついた。

「労働者を平気で切り捨てるような業界、これを何とかしなければ日本の復興はない。いつまでたってもアメリカには勝てないぞ」

池田は建築業界の近代化・合理化の先頭に立つ決意を固めた。

最先端の技術を学ぶため、米国の建築雑誌を辞書を手にむさぼるように読んだ。昼は現場、夜は勉強の日々が続いた。戦時中、六十七キロあった体重は五十八キロにまで減った。

そんなある日、現場で貧血を起こして倒れた。病院に担ぎこまれた。診断結果は栄養失調だった。事務所の給料では、決して腹一杯食える時代ではなかったのだ。

超高層への挑戦

山下寿郎設計事務所は、日本一規模の大きい事務所に成長していった。池田はその設計チーフとして、福島県庁、NHK放送会館などの実施設計にあたった。

一方で、池田は近代化推進の必要性を学会で訴えたり、雑誌に論文を書いて発表したりした。古い体質の中で、利益が得られる元請けが主流を占める業界は、近代化・合理化によってうまみを失うことを恐れ、池田の主張に対しては、歓迎しない空気が強く、少なからず抵抗があった。

東大のクラスメートの親類が経営する幼稚園の設計を頼まれたことがあった。それが「新建築」（一九五四年八月号）という雑誌の表紙になった。それを見た事務所の社長は激怒し、社長室に池田を呼び、叱りつけた。

「勝手に自分の作品を発表するとはけしからん」

池田は反論した。

「僕は山下の仕事は一切手を抜いていません。事務所の仕事は一〇〇%きちんとやっているという自信があります。これは、友人に頼まれてやったんです」

しかし、社長は聞く耳を持たなかった。それでも、池田は自分の裁量で論文を書いたり、設計したりすることをためらわなかった。黙々と自分の研究を進めていった。

個人的に都立大学の講師を依頼されことがあった。「いいですよ」と気軽に引き受けた。ところが、大学の担当者が社長に許可を願い出たところ、答えは「ノー」で、結局断る羽目になった。

これには後日談がある。

池田が山下事務所をやめて、日本設計を設立した直後、再び都立大から「もういいでしょ」と依頼があり、以後八年間講師を務めたのである。

「僕はこうした個人の創造活動こそ勉強だと思っていたし、プライベートな時間まで会社に束縛されることはないと考えていた」

池田は組織の縛りから離れ、自分の技術を磨くことが、結局は将来、山下事務所にも貢献することになると確信していた。

池田の目線は常に先、先にあった。

「先生」一人の発想に基づいて、「弟子」たちが歯車となって動く組織では、立ち往かなくなる時代はすぐにやってきた。山下事務所が日本初の超高層建築設計を受注したのだ。

「霞が関ビル」。その建設を、一人のデザインセンスで仕上げるのは不可能だった。

「山下が受けた仕事ですが、イエスマンばかりの山下では無理だと思いました」

未知への挑戦。それには、様々な分野の専門家が集まって知恵を出し合う必要があった。集団で創造活動を行う組織が求められた。これが新会社（日本設計）創設につながってくる。

畳がヒントに

霞が関ビルは、建築業界の体質を変える起爆剤にもなるはずだった。

超高層建築は古い生産体制では実現不可能だった。設計はもちろん、生産体制そのものを合理化し、近代化、工業化を推進しなければならなかった。

「現場の工程はできるだけ減らし、工場で物を生産、管理して、現場では組み立てだけをする。自動車生産のように。それはそれでいいのだが……」

池田は、安易な近代化、工業化が規格化につながることを心配していた。規格化は人間の住まう環境に合わない、工業化はしても個々の生活の違いを画一化してはいけない。

「どうしたものか」

池田は最先端の知識を得るため、米国の建築雑誌を貪り読んだ。都市への人口集中、過密化は日本に限らず、世界各地で問題になっており、超高層化への要求は高まっていた。

しかし、この時代、超高層ビルは世界中探しても、ニューヨークなど米国東海岸にしか存在せず、ロサンゼルスなどの西海岸や欧州の諸都市にはまだ見ることはできなかった。東京に建てるには、地震、台風という悪条件もあった。池田が乗り越えるべきハードルは極めて高かった。

だが、池田は「理論的に可能なことは、必ず、科学技術によって現実化できる」と信じていた。それは、米国との戦争で身をもって学んだことだった。

池田が実戦を経験したのは、太平洋戦争後半の三つの海戦、マリアナ沖海戦、レイテ沖海戦、沖縄水上特攻だった。

米海軍は、常に前の海戦の戦訓を生かして技術革新を行い、次の戦闘に対処した。その結果、連勝した。一方、日本海軍は前轍を踏み、連敗した。

霞ヶ関ビルの建設予定地

レイテでは戦果を挙げた神風特攻隊も、沖縄では敵のレーダー網にかかって待ち伏せされ、通用しなくなった。米海軍は、「VT（近接）信管」（対空砲弾に小型レーダーを組み込み、一定の範囲内に目標物が入れば起爆する装置）も開発しており、日本軍パイロットを驚かせた。

「僕が参加した海戦は全部負け。それは技術力の差だった。一歩でも先に技術を開発していれば、優位に立てたのに、という思いがずっとあった。だから、超高層に挑戦した時は、よーし、建築では負けないぞ、技術で取り返してやる、という気持ちがあった」

池田は、飯場での作業を減らし、もっと合理化することが先決だと考えた。そのためには、材料・部品は工場で生産し、現場ではそれを組み立てるだけにした方がよい。池田は、沖縄特攻で乗艦「矢矧」を沈められた時のことを思い起こし、その悔しさをバネにファイトを燃やした。

あの日、顔じゅうに大やけどを負い、四月初めの冷たい海を漂流すること五時間。立ち泳ぎを続ける力もなくなり、このまま意識をなくして死ぬのかと思った瞬間、藤沢の実家が不意に頭に浮かんだ。

（ああ、畳が恋しい。死ぬ前にもう一度、乾いた畳の上で大の字になりたい）

畳……。

「あ、そうか。畳だ」。池田ははっとして我に返った。

霞ヶ関ビル設計当時（1965年ごろ）

すべての畳は三尺×六尺で、襖や障子や雨戸、タンスも、みな同じ規格。どの家にもすぐに対応でき、しかも、間取りの組み合わせは無限にある。

「これは素晴らしい」

池田は、日本の畳が持つ寸法体系に改めて感心した。タンスの引き出しも、和服を折りたたむとちょうど納まる。和服は直線裁ちで、洋服のようなカーブがない。たたむと大人の着物も子どもの着物も三尺×一尺五寸のタンスに収まる。それなのに、それぞれ個々人に合わせた着こなしができる。

「着物はどんな体格の人でもちょっといじれば、アジャストできる。調べれば調べるほど、すごい、と思いました」

畳、直線裁ち、タンス――。池田はこうした日本の伝統文化の中に、部品を大量生産しながら無限の組み合わせができる「モジュール（規格化された建築材）」による建築手法の神髄を見たのである。

音楽の世界も、モジュラーコーディネーション（基準寸法の組み合わせ）である。無限の波長を十二音階にしたために無限のバリエーションを持つに至り、音楽は世界中に広まった。作曲家が音階の組み合わせで無限の音楽をつくっていくように、建築家も限定され、大量生産された素材の無限の組み合わせで建築物を創造していく。

「そこで僕は、バッハの十二音階をつくり出すようなつもりで、霞が関でモジュラーコーディネーションやったわけです」

日本初の超高層建築「霞が関ビル」は一九六八（昭和四十三）年に完成した。地上三十六階、百四十七メートル。技術立国・日本のシンボルとなった。誕生の推進力となったのは池田が海軍時代に体得した技術革新への意気込みと、船乗りとしての負けじ魂だった。

日本設計創立

「出て行ってくれ」

池田は、勤務先の山下寿郎設計事務所から退職を勧告された。霞が関ビル設計の最中のことだ。池田は会社に対し、「超高層という未知の分野に挑戦するには、事務所の組織を変えなければいけない」と訴えていた。これが既得権を守ろうとする会社の経営方針とぶつかった。

そんな池田を、施主の一人である安田生命社長・竹村吉右衛門（一九八四年没）が応援してくれた。竹村は若いころ、懐中に辞表を忍ばせ、こびへつらう先輩たちを尻目に、社長に直言してはばからなかったことで知られる人物。

「戦前、課長時代に社長から目をかけられ、海外旅行に連れて行ってもらったこともあったそうです」と池田。

竹村は、池田のことを「青年将校」と呼び、「経営陣と同じ土俵にのぼって、どんどんやれ。役員会で堂々と意見を言いたまえ」と督励した。

「なんとか山下をよくしたいという気持ちで、ぎりぎりまで意見をしてきました。山下をやめるなんてことは、最後の最後の瞬間まで考えていませんでした」

池田は当時の心境をそう振り返る。

山下寿郎先生（会長）にもう一度社長に復帰してほしい、というのが最後の提案だった。「さもなければ、息子の寿太郎さんに社長になってほしい」と頼んだ。しかし、寿太郎は固辞した。万策尽き、理想を貫くには、こちらがやめて新組織を設立するしかなかった。

一九六七年九月一日、日本設計事務所（現日本設計）創立。従業員二百人のうち百七人が山下を飛び出し、新会社に結集した。霞が関ビル竣工の前年のことである。

安田生命の竹村は、独立した池田を、「反乱軍将校」と呼び、引き続き、親友である三井不動産社長・江戸英雄、日本興業銀行頭取・中山素平らとともに日本設計の応援団となる。そしてこの財界の大立者たちが、後にハウステンボス創設者・神近義邦の支援者にもなっていった。

矢矧が支えに

湘南中時代、池田が担任の先生に、「海軍兵学校を受験したい」と申告した際、先生は、「君、兵学校より機関学校の方がいいよ」と勧めた。理由について、先生は、「機関学校ならば、海軍を終えて引退した後もエンジニアとして社会で通用するが、兵学校だと引退した後つぶしがきかないから」と述べた。

池田はその時の先生の顔、真剣な表情が今も強く印象に残っているという。

「先生は、僕の将来の生活のことを心配して忠告してくれたのでしょう。しかし、僕はつぶしがきくとか偉くなれるとか全然考えていませんでした。進学先を決めるに自分のためだと考えたことなど一度もない。国のため、世のため人のため、とだけ考えている中学生でした」

池田は何の迷いもなく、兵学校に進んだ。

その時と同じようなことが、日本設計か山下設計か、の選択を迫られた人たちの間で起きた。

「僕は自ら旗を振ったわけでもない。それなのに何の疑念も抱かず、すーっと日本設計を選んでくれた人がいた。一方で一緒に断固戦うと言っておきながら山下設計に残った人もいたのです」

新会社は、社会的に何ら認知されていない。それでも行きたい、と集まった人たちには、純粋にいい仕事をしたい、という思いがあったのだろう。

会社の経営理念を考えたり、運営方針を決めたりする時は、百七人が対等の立場で話し合って決めた。社名を決める時も、池田は、「池田事務所とか、個人名はやめよう」とだけ言って、社員たちに任せた。全社員で議論の末、「日本設計事務所」になった。

この年の正月、池田は書き初めで「日本《ひのもと》」と書いていた。

「偶然の一致か、そういう運命だったのか。不思議ですよね。その年に日本設計ができたのだから」

新会社では、自由に意見を言い合える雰囲気づくりに気を配った。しばらくは肩書すら使わなかった。

「共通の目的に向かって本気で議論する時には、社員全員ネクタイをはずさせ、床に図面を置き、車座になりました。そうすると、若い人もどんどん意見を言うようになりました」

池田は自ら手がけた建築物と同様に、「『日本設計』も僕の作品だと思っている」と言う。

山下騒動から日本設計設立までの間、池田は大きなストレスを抱えていた。組織変革の方策を練るのに一心不乱の毎日で、夜も、よく眠れなかった。

「このままでは自分がつぶれてしまう……」

そんなある日、池田は、自宅玄関に一枚の写真を貼った。「矢矧」の写真だった。池田は、米軍機が撮影した沈没寸前のワンカットを入手して、引き伸ばしたのであった。

「そうだ。この日、おれは一度死んだんだ」

帰宅してその写真を見ると、気持ちがスーッと楽になった。天空から世間を眺めているような気分だった。気持ちをうまく切り替えられるようになり、会社のドタバタなど屁でもなくなった。

「晩ご飯も食えるし、ぐっすり眠れるようになりました」

東京の自宅で矢矧の写真を見つめる池田さん

九九％の反対

「あれは確か一九七三（昭和四十八）年、筑波研究学園都市プロジェクトの仕事がものすごく忙しいころでした」

池田は一度だけ、社員の猛反対を押し切って自分の判断を通したことがあった。事務所の移転についてである。

当初、日本設計の事務所は六本木の興和ビルにあった。クライアントの日本興業銀行の子会社「興和不動産」のビルで、六つのフロアを占有していた。そこで不自由していたわけではない。しかし池田は、「自分たちのオフィスは、自分たちが設計した最高傑作の中に置くべきだ」という考えを持っていた。

なぜか。

「世間は、人材だけは評価してくれない。設計事務所は作品で評価される。日本設計に仕事を頼もうか、と考えて訪れた人を、そんじょそこらのビルで応対するのと、最高の作品である超高層ビルでやるのとでは、全然違ってくると考えたのです」

池田は、日本建築学会賞を受賞した「新宿三井ビル」の完成を機に、そこへオフィスを移転しようと決めた。これは必ず日本設計の経営上プラスになると確信していた。

鉄骨組み立てが完成した新宿三井ビル。
日本一ののっぽビルに（読売新聞社提供）

ところが――。この年、日本列島はオイルショックで揺れていた。筑波以外のプロジェクトは次々に中断、日本設計の経営もたちまち危機的状況に陥った。ボーナスも出せず、あらゆる経費の節減を図らなければいけない事態に追い込まれた。

興和ビルの家賃は経費全体の五％程度だったが、新宿三井に移るとなると、家賃は一〇％を超えてしまい、社員の給料・ボーナスにさらなる影響が出るのは目に見えていた。組合はもちろん、中堅幹部も含め、ほぼ全員が移転に反対した。

「常識的にはまったくその通り。だれが言っても正論。それでも、僕は新宿三井に移るべきだと言って譲らなかった」

仕事が終わる午後六時すぎになると、幹部社員が入れ替わり立ち替わり池田のところにやって来た。毎晩毎晩、いろんな数字を示して、池田に翻意を促した。しかし、池田は一歩も引かなかった。

「当分は苦しいだろう。給料も下がる。それを乗り越えて我慢できるかどうかが勝負なんだ」

「自分たちでつくった組織を将来発展させるために、今はどんなに苦しくてもそれを乗り越えるだけの信念と自信を持ってやれるかどうかだ。これはまさに自分たちの将来のためなんだ。経営者として僕はそっちを取る」

社員たちはついに根負けした。どこの経費を減らすか、給料をどれくらい下げるか、特別チームをつくって合意案をまとめた。こうして、日本設計は大不況の最中、六本木から新宿への大移動を決行したのだった。

「あの苦しい時期に食いつなぎができたのは、筑波研究学園都市の設計料があったからです。あれがなかったら……」

池田は苦笑する。

経営者の特権を振りかざしたのは、後にも先にもこの時だけだが、この決断が正しいかったことは、移転二年目に証明される。香港ナンバー2といわれる財閥から、「香港で最高のビルをつくりたい。日本設計にコンサルしてほしい」と注文が入ったのだ。

電話の主は、「香港の設計事務所に頼んだところ、外装カーテンウォールがどうもよくない。世界中のビルを回って気に入ったのが二件あった。一つはアメリカ・ロサンゼルスのバンク・オブ・アメリカ、もう一つが新宿三井ビルだ」と言った。

「彼らは僕らのオフィスを訪れて、全部調べたうえで、うちに頼みたいと言ってきたのです」

これが呼び水となり、日本設計は香港に支社をつくり、現地で多くの仕事を手がけることになった。仕事は順調に増え、社会的信用も日増しに高まっていった。日本最高のビルにオフィスを構え、「日本最高の技術陣がいる会社」との評判をとるまでに、それほど時間はかからなかった。

一八〇度の転換

一九六八（昭和四十三）年、三十六階建て霞ヶ関ビル完成。一九七一年、四十七階建て京王プラザホテル完成。一九七四年、五十五階建て新宿三井ビル完成。池田が手がけたビル群は、日本の超高層建築のシンボルとなった。

「霞が関の構造計算には、当時、日本でただ一つのコンピューターを使いました。真空管だらけの部屋にこもって。タイガー計算機や計算尺を使っていたら三十年はかかっていたでしょう。でも、その当時使っていたコンピューターより、今のパソコンの方がずっと優れていますよ」

池田は常に時代の最先端を求め、「一番良い」と思う針路をまっすぐに突き進んだ。

「アメリカに追いつき、追い越す」の意気込みで、坂の上の雲を追いかけた。

アポロ十一号の月面着陸の実況中継は京王プラザの工事現場で見た。池田は、「人間の可能性は無限大だ」と実感した。近代技術文明の優位性を信じて疑わなかった。池田だけでなく、日本人のほとんどがそう思っていた。

池田は、自ら設計した新宿三井ビルの五十階にオフィスを構えた。地上二百メートル。羽田空港も眼下、すぐそばにあるように見えた。エアコンが効いて、一年中快適に過ごすことができた。
「僕自身、得意になっていた」
その横頭を一冊の本がガツン、と殴りつけた。レイチェル・カーソンの『沈黙の春』だった。池田は翻訳版で読んだ。

建設中の京王プラザホテル。遠景左が霞ヶ関ビル
（読売新聞社提供）

虫を食べた鳥が死んで、春になるとさえずるはずの小鳥が全然さえずらない。おかしい。調べてみると、農薬のせいだった。鳥がやられるだけでなく、農薬によってできた穀物を食べた人間もやられる。生物学者のレイチェル・カーソンはこうして、農薬が長期にわたって生態系に影響を与えることを示した。こうした内容をリポートしていた。

穀物生産は、農薬を使って害虫を駆除することによって飛躍的に向上した。池田が超高層で取り組んできたのも、生産性の向上だっただけに、衝撃だった。

同じころ、ローマ・クラブから『成長の限界』という本が出版された。「人類の危機レポート」というサブタイトルのついたこの本は、このまま近代技術文明が進歩発展していくと、必ず最後に破局が来ると指摘した。

経済成長によって天然資源の枯渇化、環境汚染の進行、途上国の爆発的な人口増加と食糧難が引き起こされ、人類は破滅するという恐ろしい論文だった。これを受けて一九七二（昭和四十七）年、ストックホルムで「第一回世界環境会議」が開かれる。

高度経済成長期に入った日本でも、環境汚染を原因とした住民の健康被害が広がっていた。なかでも四大公害病とわれた、熊本県水俣湾で発生した「水俣病」、新潟県阿賀野川流域で発生した「新潟水俣病」、三重県四日市市の「四日市ぜんそく」、富山県神通川流域で起きた「イタイイタイ病」の被害は深刻だった。水俣病と新潟水俣病は、工場排水に含まれていた有機水銀が魚介類から人へ、イタイイタイ病は鉱山から出たカドミウムがかんがい用水から水田へ流れ込み、米から人へ。これらはまさしく、池田が危惧してきた水質汚染と、食物連鎖により引き起こされた公害病であった。

「沈黙の春」「成長の限界」「世界環境会議」「四大公害病」。科学技術が進歩すれば、理想的な家も都市も、何でもできるようになると思いこんでいた池田は、ここでいったん立ち止まる。

一九七四年二月の寒い夜のことだった。超高層ビルが立ち並ぶ東京・新宿の副都心。仕事を終えた池田がエレベーターを降り地上に降り立つと、朝出勤した時には天気はよかったが、夕方下に降りたら東京じゅうが銀世界だった。仕事に脂の乗り切った五十歳。ワイシャツの袖はまくったままだ。その素肌の腕に粉雪が落ちては溶ける。冷たいはずなのに、どうしたことか、そう感じない。放心状態で皮膚の感覚がないのだ。

思わず、ぶるっと身震いした。

次の瞬間、ハッ、と気づいた。

「おれは、これまで、大間違いをしていたぞ！」

池田は天を仰ぎ、全身雪まみれになりながら、言いようのない解放感に包まれた。

「そうだ、おれも自然の一部なんだ」

吐く息が真っ白だった。深い心の安らぎを感じた。

新宿三井ビル五十階のオフィスは地上二百メートル。雪を降らせている雲は百五十メートルのところにあり、池田は文字通り「雲の上の人」だった。暑からず寒からず、温度、湿度、照度はすべてセンサーで「最適」にコントロールされている。全東京を眼下におさめ、遠くは富士山、筑波山を望む眺望にも満足していた。

池田は、「便利で機能的な生活」の実現という目標を達成して、得意の絶頂にあった。

「都市に機能を集中させることで利便性が増し、経済効率を上げることができる。それが日本にとって一番いいと思っていた」。池田は当時をそう振り返る。

だが、この吹雪の夜を境に、池田の価値観は百八十度転換する。建築理念だけでなく、現代の文明社会そのものに疑問を抱くようになる。

「それまでの僕は、最先端の技術を駆使し、人間にとって一年中快適な環境を作り出すことが建築の理想と考えていた。その理想的と思っていた環境が、実は大きな精神的なストレスになっていた。それに気づいていなかった」

海軍時代はちょっとした気候変化も見逃さない「海の男」だった。が、戦後復興、高度経済成長と息つく間もなく時代を駆け抜ける中で、自然に対する感性を失っていたのだ。

池田は今、自戒を込めて言う。

「はめ殺しの窓で、周囲の自然から隔離され、機械によって管理された人工的な環境の下では、人間は決して安らぎを得ることはできない。自分のやってきたことは目先の合理主義だった。このまま環境破壊が続けば、私たちの頭上には天罰が下るだろう」

それは、「経済発展」を大義名分に、ひたすら効率を優先し、結局は私利私欲のために、美しい日本列島の自然を破壊し続けた日本社会への警告でもあった。

日本の風景を守る戦い

琵琶湖を守れ

「海軍兵学校のクラスメートの半数以上が戦死した戦争で、僕はアメリカの圧倒的な技術力を知った。だから、戦後、建築家となった僕は、便利な生活の実現を技術力に求めた。そのひとつの結果が超高層ビルだった……」

池田武邦は自らの戦後を回想する。

日本建築界のリーダーとして、霞ヶ関ビル、京王プラザ、新宿三井ビルを建て、超高層建築の道をひた走ってきた池田が、その建築哲学を根本から変えたのが、一九七四（昭和四十九）年二月の「吹雪の夜」の体験だった。

「下界と遮断された高層ビル内は、快適な温度と湿度を保っている。しかし、これは本当に心地よい空間ではなく、知らず知らずのうちに新たなストレスを生む原因になっていたことに気づいた」

人々はまだ、高度経済成長に酔いしれ、大量生産、大量消費の昭和元禄を謳歌していた。そんな時代に、池田は一人、舵を切った。便利な暮らしの追求から自然の摂理に従った街づくりへ。徹底的に自然環境にこだわった設計で、日本の風景を変えていった。

「自然生態系をフルに生かした代表作」として池田が一番手に挙げるのは、一九八四年竣工の沖縄熱帯ドリームセンターである。沖縄最大の観光施設・美《ちゅ》ら海水族館と同じ国営海洋博記念公園内にある植物園だ。

沖縄海上特攻に出撃し、生き残った池田は戦後、「沖縄を救うことができず、島の人たちに申し訳ない」という鎮魂の思いを抱き続けてきた。それだけに、沖縄振興にもつながるこのプロジェクトには力が入ったという。

「国の都合で多くの命が失われ、住民に不幸をもたらした。だからこそ、生命を大事にする建築物にしたかった。可能な限り自然を生かし、経済的にも地元をサポートできるよう心がけた」

海洋博公園・熱帯ドリームセンターの遠見台
（海洋博公園管理センター提供）

敷地面積六ヘクタール。五棟の温室、それをつなぐ回廊、池やせせらぎで構成され、巻貝の形をしたシンボルタワーに登ると青い海と緑の山が一望できる。建築物は周囲の景観に溶け込み、園内には、沖縄らしい、ゆったりとした時間が流れている。

続いて、工業技術院筑波研究セン

ター（茨城県）、東京都立大学新キャンパス、長崎オランダ村、ハウステンボス……。いつ、いかなる時も、「自然を回復させ、荒廃した場所を再生する」という信念が揺らぐことはなかった。

象徴的な「闘い」がある。琵琶湖博物館建設問題だ。

滋賀県の指名業者に選ばれた日本設計関西支社のスタッフが社長の池田のもとへ経過報告にやって来た。支社長は、「一大プロジェクトなので、トップの社長に出向いてもらい、審査委員の前でプレゼンテーションをしていただくのがよかろう」と判断しているという。

提案書を一読した池田は、博物館の建設予定地そのものの環境が気になった。

「よし、一度現地を見てみよう」

建設予定地へ足を運ぶ。案の定だった。ブルドーザーが何台も入って、ゴリゴリ、ガーガーと造成工事を始めている。

「その敷地は生態学的に見てひじょうに貴重な湿地帯だった。一番つぶしてしまうと回復が不可能になる、絶対に壊してはいけない場所だったのです」

そこは、四百本もの川が入り込んでできている内湖のひとつだった。何千年もの年月をかけて川が蛇行し、残された流れが内湖となり、ところどころ三日月型に残る。一帯には葦がたくさん生え、微生物が発生し、渡り鳥が飛来し、水位が上がると魚が産卵にやってくる。固有の淡水魚が五十種類以上生息しており、葦群落は湖の富栄養化を防ぐ機能も持っているという。

そんな希少な場所が一部は六メートルを超す丘に変貌していた。

「この埋め立ては直ちにやめさせなければならない」

池田は関西支社のスタッフに言った。

「ちょ、ちょっと待ってください。社長」

それでは受注できなくなります、とは言わなかったが、スタッフは苦しげな表情だった。関西支社では、博物館の展示物で生態系のことが分かるような工夫をして、提案書をまとめていた。だが、池田は納得しなかった。

「中身がよくても、博物館をつくるプロセスが間違っているじゃないか。それを伏せて中身をいくら説明しても意味がないよ。僕がプレゼンターとして行くなら、そこを指摘せざるを得ない。それが困るなら僕は行かない。君たちでやりなさい」

スタッフは途方に暮れた顔で言った。

「いえ、やはり、トップに来ていただかないと、困ります」

「じゃあ、僕は言うよ」

池田は強引に納得させた。

戦後の経済復興の過程で、琵琶湖は安定した水がめとして注目され、数兆円規模のビッグプロジェクトによって護岸工事や浚渫が進められていた。環境問題がクローズアップされるようになったのは、洗剤の混じった水が湖に流れ込むようになってからのことだ。

滋賀県は、県立の琵琶湖研究所をつくって、湖沼問題の国際会議を行い、真剣に環境問題に取り組んでいることをアピールした。護岸工事や浚渫による環境破壊を進めながら、である。

「その延長線上にあったのです。環境博物館建設も」と、池田は言う。

「これまでの水がめと同じ発想で、湿地を埋め立てて博物館をつくる。いったいどういう考えで環境問題を扱っているのかまったく理解できない。直感的にこれはおかしい、と思った」

琵琶湖研究所の所長は生態学の大家だった。池田も所長の著書に感銘を受けて環境問題に対する考え方を深化させるきっかけになったという。

「僕は、研究所を評価していたし、所長も立派な人だと思っていた」

池田は審査会に出席するのに先立って、研究所を訪ねた。二人の若い研究者に聞いてみた。

「僕は県の博物館計画がどうもおかしいと思うが、君たちはどう考えているのか」

二人の研究者は口をそろえて答えた。

「あそこは大事なところだから埋めてはいけません」

「じゃあ、どうして君たちは反対だと言わないの」

「反対したけれど、だめだったんです」

「そうか。では、僕がこの計画はよくないということをちゃんと言おう。研究所の方はご迷惑ではないですね」

「はい、むしろ外から言ってくれた方がいいです」

こうして、池田は自信を持ってプレゼンテーション（審査会）に臨んだのだった。

審査委員長は京都大学教授の建築家、審査委員の中には所長の顔も見えた。発注者の県の関係者もずらり並んでいる。

池田はまず、「日本設計に指名をいただいて大変光栄に思います」と丁重にあいさつし、おもむろに痛烈な批判を加えた。

「私は、この計画には問題があると思います。この博物館はここには絶対建ててはいけません。先ほど現地を見てきましたが、まだ半分くらい葦が残っています。今からでも遅くはないですから、埋め立てたところは元に戻し、葦が生えるようにするのが第一ではないでしょうか」

会場はシーンとした。池田は畳みかけた。

「けれども、環境博物館そのものの考え方はとても大切ですから、それは環境博物船として生かしてはいかかでしょうか。百五十億円もあれば、立派な船ができます。何百年もの年月をかけて形つくられた、生態系とはどういうことか、貴重な植物や動物が生息している場所とはどういうことか、湖上を周遊しながら環境問題を学べるようにしたらどうですか。これが私の提案です」

今度は、あっけにとられている審査委員長に矛先を向けた。

「私は、この企画そのものがよくないと思っていますが、審査委員の先生方はどう思っているのでしょうか」

審査委員長は答えずに、「先生どうですか」と研究所長に振った。

所長は、ボソボソと小声で答えた。

「それは池田さんの言う通りです。しかし、これはすでに決まっており、県の予算もついて工事も始まっているので、私どもが云々する立場では……」

池田は決然として言った。

「所長のように、環境問題を本当に分かっている先生がやむをえません、では困ります。なぜちゃんと反対してくれなかったのですか。われわれが言っても環境の専門家ではありませんから影響力がそれほどないのです。先生がやむをえない、と言ってしまったら、環境はどんどん壊れてしまいますよ」

すべてが終った。

博物館建設はライバル社が受注した。日本設計は指名業者から外され、以後二年間、滋賀県の仕事から締め出される。

覚悟のうえで

琵琶湖問題の後、池田は学会から原稿執筆を依頼された。テーマは「環境保全の美学」。ハウステンボスについて書いてほしいとの要請だったが、池田は琵琶湖博物館について書こうと決めた。

強烈な行政批判になるので、しっぺ返しが予想された。日本設計の経営上、大きなマイナスになる可能性がある。経営陣の了解が必要だった。役員会に諮ることにした。

「ところが、賛成も反対もないんだ。みんなシーンとして」

賛成と言ったら、経営に響く。かといって、社長の建築哲学に「反対」することはできない。役員たちが沈黙するもの無理からぬ話ではあった。

池田は、「みんな、反対はないね」と言い、承認を得た形にした。

この後、部長会を招集した。ここでも声を上げるものはなかった。池田は、「それぞれ、みんな意見はあるのだろうけれど……。即座にパッと意見を言うほどふだんから考えていないのかな」と思った。

とはいえ、第一線で苦労している部長たちだ。池田は、丁寧に説明した。

「今、この論文を発表すると、日本設計には仕事が来なくなるだろう。当面はシャットアウトだ。だけども、こういう事実を社会に足跡として残すことによって、僕らが引退して、あなた方が経営トップになる五年、十年先には、このことが必ず社会に評価されて、やっぱり日本設計はいい、ということになるはずだ。僕は、君らのためにやるんだよ」

顔をこわばらせていた部長たちの表情が少し和んだ。彼らの心中は複雑だったであろう。「社長、どうぞやってください」と言うほど、みなロマンチストではない。本来、開発が自分たちの仕事なのだから。

「思いはいろいろだったでしょう。しかし、環境問題の重みはそれぞれ感じたんじゃないかな。環境問題は必ず自分に跳ね返ってくる。悩みもせずに環境問題を口にする人間はマユツバものですよ」

環境問題は、企業としての死活問題につながりかねない。それだけに、経営トップが口にするのは、よほどの覚悟がないとできない。池田はあえてそれを実行した。それが日本設計の社会的使命と考えた結果だった。

「小さな事務所だと、こんなきれいごとは言えなかったでしょう。大組織となった日本設計だからこそ、言うべきことをきちっと言うことにしたのです」

琵琶湖博物館問題にかかわって、池田は既視感を覚えた。

「この状況は、大東亜戦争の時と同じではないか。あの時、戦争はよくないと、良識のある人はみんな考えていた。大陸からは撤退した方がいいけれど、支那事変もやっちゃったし、ここまできたらしょうがない。反対すれば首が飛ぶ、命がない。だから、しょうがない、しょうがないで、泥沼に陥っていった」

では、戦争責任は一体だれにあるのか。池田は、見識のない指導者は当然だが、立派な見識を持った指導的立場の人たちにも、「しょうがない」と言って流されてしまった人々にも責任がある、という。

「環境問題もまったく同じ。今、この平和な時代に、戦争には反対すべきだった、戦争責任はだれにあるか、なんて盛んに言うけれど、それじゃあ、あなたは環境を守るためにどれだけ体を張って行動しているのか、と問い返したい」

戦争に反対するのは命がけだ。しかし、環境保全を支持しても命までは取られない。

「これは会社の仕事だからしょうがない、なんて言っている人に、戦争反対とか戦争犯罪者なんていう資格はないですよ」

話は少し先のことになる。二〇〇六年、池田が沖縄水上特攻の海上慰霊祭に団長として参加した時のことだ。式典の後、池田は、船縁でテレビ局の報道番組の取材を受けた。

「特攻に反対することはできなかったのですか」。報道記者の質問に、池田はかみついた。「そんなことを言って、君は自分の上司に反対できるのか、命をかけて反対しようとしたことがあるのか。分かったふうなことを言ってはいけない。自分は安全なところにいて戦争はいけない、話し合いで解決できなかったのかなんて、言うもんじゃない。批判は命をがけでしないといけない。君は口先でしか言っていない」

池田は記者を叱った後、こう諭した。「戦後六十年なんていうけれど、僕にとっては、戦争中の五年間に比べると、全然薄い。戦後もいろいろなことをやったが、楽々とできた。命がけでやることが人生の重みだよ」。琵琶湖問題で見せた池田の覚悟はその後もまったく揺るぐことはなかったのである。

琵琶湖研究所ができて、今度は環境博物館ができた。よく観察してみると、「環境」は建前で、実は、どうせ使えない湿地帯だから開発した方がいいと思っている人がずいぶんいたことに気づかされる。

博物館ができれば、人が大勢やってきて商店街もにぎわう。地元から作ってくれという要請もあった。政治家にとっては、環境保全よりも経済活性化の方がはるかに票になる。地元議員は皆、建設推進派に回った。

これを受けて行政も、市民の要請があると判定して、それでは、と建設に乗り出す。

池田の疑念は膨らんだ。

「これは『環境』という時流に乗った政策のひとつにすぎず、その宣伝効果を狙った政治家の道具に使われているだけではないのか」

学識者に対する失望も大きかった。中立の立場であるべき大学の教授たちが、どうして行政のお先棒をかついで現実案を出すのか、信じられなかった。

「行政側から『ぜひ、委員になってください』などといわれてホイホイ引き受けるような人は、一応もっともらしいことを言いながら、現実は行政の意に沿うように妥協してしまう。まさに戦時中の戦争協力者と同じです。研究職の立場にある人は自分の研究なり考え方を堂々と貫いてくれないと困るのです」

池田は、沸々とわき上がってくる怒りを振り払うように敢然と行動した。審査会で関係者を一喝し、論文を発表して業界に警鐘を鳴らした。「うかうかしていると、日本設計も戦争協力者と同じになってしまう」。そんな危機感があったからだ。

鞆との出会い

このまま利便性、経済性を追求して都市開発を推し進めていくのは間違いである。そう悟った池田は、都市計画のあり方を抜本的に見直すため、世界中を歩き、風景を観察し、人々の暮らしを見て回った。「これはいい」と思う建築物は、いずれも、その土地の素材で、その土地の人の手でつくられ、その土地に調和していた。それらは、建築家が設計したものではなく、人間と自然の深い結びつきの中で形作られた文化そのものであった。

翻って、日本の街を見てみると、どこも似たようなコンクリート造りのビルが立ち並び、気候風土や歴史、文化など、まるで無視したつくりをしていた。

そんな中で、池田は、奇跡のような町を見つける。広島県福山市の「鞆《とも》の浦」。作曲家・宮城道雄の代表作「春の海」のモチーフとなった港町である。最近では、宮崎駿がアニメ映画「崖の上のポニョ」（二〇〇八年夏公開）の構想を練った町として脚光を浴びた。宮崎は二〇〇四年十一月、スタジオジブリの社員旅行で訪れて、すっかり気に入り、翌年の春、民家を借りて二か月にわたって滞在し、「ポニョ」を着想したという。

池田は宮崎が訪れる十二年前の一九九二年に、鞆の浦の素晴らしさを「発見」していた。ちょうどハウステンボスがオープンした直後のこと。広島でまちづくりの講演をする機会があった。

その会場に、鞆の浦に住む女性がいて、「先生、ぜひ私たちの町を見に来てください」と頼まれたのだった。「それでは」と足を運ぶ。と、そこに、なんとも美しく、懐かしい日本の風景が広がっていた。

「日本じゅうがコンクリートで埋め尽くされていく中で、奇跡的に自然の景観を残した町でした」

鞆の浦は二千年の歴史を持つ港町だった。きれいな弧を描く入り江に、江戸時代につくられた焚場、雁木、常夜灯などの港湾施設が残り、往時の繁栄を物語る。瀬戸内のほぼ中央に位置し、船は満ち潮に乗ってやって来ては、引き潮に乗って出て行った。沖には東西からの潮がぶつかる場所があり、タイの好漁場でもあった。

『万葉集』に、大伴旅人が大宰府から都への帰路に詠んだ歌が記されている。

鞆の浦の磯のむろの木見むごとに　相見し妹は忘られめやも

——大宰府への往路、鞆の浦に立ち寄った時は最愛の妻が一緒だった。しかし、いま都への復路、鞆の浦の風景を一緒に愛でた妻はもういない。

室町時代の軍記物『太平記』や歴史書『梅松論』などにもたびたび登場し、地元には「足利氏は鞆に興り、鞆に滅ぶ」という言葉も伝わっているという。江戸期には、朝鮮通信史の一行が滞在、「日本一の景勝地」とたたえた。幕末には、坂本龍馬、三条実美らも投宿している。

古代から港町として栄えた鞆の浦（読売新聞社提供）

池田が足を踏み入れた時は、港の埋め立て・架橋の是非が論議されている最中だった。

鞆の浦は福山市の中心部から十キロほど離れていて交通の便が悪い。道幅も狭く、路線バスが止まると、後続車は追い越しては通れない。こういう状態を解消するため、広島県と福山市が港の一部を埋め立てて橋をかけ、広い道路を通す計画を立てたのだった。予算規模は百億円余。

「これを機に町を近代化しよう」と立ち上がる住民がいた。一方で、「開発反対」を唱える人もいた。

近くの島出身の画家・平山郁夫は、「ここは素晴らしいところだ。絵の題材になる。絶対埋め立ててはいけない」と声を上げ、署名を集め始めた。

これに対して、推進派は、「よそ者が何を言うか。いくら風景がよくても、おれたちには毎日の生活がある。食っていかなければどうにもならないんだよ」と反発した。

池田は出張の途中などに時間をつくって足繁く通い、町の長老から、商店主、主婦まで、いろんな人の意見を聞いて回った。日本設計の仕事とは切り離した、独自の活動だった。

「日本にとってはもちろん、世界的な遺産ともいうべき町に対して、専門家の立場で何か役に立つことはないか。そんな気持ちでした」

じっくり本音を聞いてみると、住民のほとんどは、「このまま古い町を残したい」と思っていることが分かった。

ところが、推進派の有力者から回覧板がまわってくると、賛成署名をしてしまう。年中顔を合わせている人から頼まれると、なかなか、おおっぴらに反対とは言えないらしいのだ。

「やっぱりこのままがいい」。「でも、不便はいやだ」。この二律背反。

池田は、「これは鞆の浦に限らず、日本じゅうの町が抱えている問題だ」と思った。環境保全と同時に経済発展を実現することがいかに難しいか。池田は長崎オランダ村やハウステンボスのプロジェクトで、いやというほど体験ずみだった。それでも、エコロジーとエコノミーの両立を図らなければ、人類に未来はない。鞆の浦が抱える問題は、池田自身の創造活動に突きつけられたテーマでもあった。

緊急提言の波紋

鞆の浦の市街部は、池田が手がけた人工都市ハウステンボスとほぼ同面積である。池田は、ハウステンボスで実験ずみの都市開発と環境保全の両立が、この地でも図れると考えた。

鞆の街道の入り口に、「法界《ほっかい》」と記された石碑が立っている。江戸時代からのものだ。法界とは仏教用語で、十八界の一つ。法境ともいう。その界域内では独自の法律に従うという意味がある。鞆の町内に入れば、だれもが鞆の法律に従わなければならない。「郷に入らば、郷に従え」というわけだ。法界は、鞆の人々の自治、独立の精神の象徴と言える。

「この先人の残した精神こそ、これから鞆が理想郷としてよみがえるためのバックボーンとなるべきものだ」と池田は言う。

ハウステンボスにも、境界域内には独自の規則がある。たとえば車の運行規定。場内には、外部からの車は一切入れず、域内専用の車は時速二十キロ以下に制限されている。道路はすべて歩行者優先で、来場者は安心して買い物や散歩ができる。子供も道路で遊ぶことができる。また、敷地内には電柱がない。すべて地下に敷設している。その上をクラシックスタイルの車が優雅に走る。

池田は、「鞆の浦でも、法界内では歩行者のため道路空間を確保し、車の速度を制限してはどうか」と提案する。道幅の狭いところでは、渋滞を解消するため、バス停などに辻広場を設ければい

江戸時代に使われていた石を並べた船着き場が残る鞆港（読売新聞社提供）

い。また、ハウステンボスと同様に、電柱を取り除き、道路の下に光ファイバー、上下水道を完備し、要所に消火栓を配して高度なインテリジェント防災都市としての機能を備えてはどうか。こうした諸整備を行うことによって、二千年の歴史を持つ鞆の浦は、江戸時代の精神と景観を保ちつつ、最先端の近代都市に生まれ変わることができるのではないか。

地元の人と膝を交えて話しながら鞆の浦再生の道筋を示す池田は、いつの間にか、推進派と反対派の仲立ちをするようなかたちになっていた。利害関係から独立した「行司役」というわけだ。双方の住民と何度か会合を持つうち、「何とか町をよくしたい」という気持ちでは一致していることが分かった。

そこで池田は、両者が一緒になって鞆の浦の将来を考える仕組みができないか、と考えた。努力の結果、両者が同じ席で話し合い、リーダー同士が握手をするところまで漕ぎ着けた。

「これでよし。それじゃあ、これからは一緒になって鞆の浦の将来を考えてくださいね。そしたら、また来ますから」

しかし、池田がいなくなると、たちまち話し合いは頓挫した。池田が姿を見せると、双方なんとなく仲よくする。これを何回も繰り返した。

「両方ともなんとなく、依存してしまうのです」

話し合いは遅々として進まない。そうこうするうち、福山市も広島県も「GO」という機運になり、新聞記者たちがどっと現地に押しかけた。

一九九六年三月、池田は「住民が決める将来　理想都市『鞆』マスタープラン」と題した緊急提案を発表した。その中で、自身の経験から得た教訓を基に「二十一世紀への理想都市実現への基本条件」として次の五項目をあげている。

自然と調和した都市環境
安心して歩いて生活できる都市環境
歴史伝統が息づく個性ある都市環境
生活を支える地場産業の振興
世界と交流できる都市施設の確保

そして「鞆の将来を決めるのは行政ではなく、鞆の住民の方々である。鞆の景観は山、街、港、海が一体となって、名画のごとき不滅の価値が生まれている。その一部である港に手を入れることは、名画を改竄する行為にほかならない。理想都市実現の道を完全に断ち切ることになるであろう」と述べている。

この提言の影響は大きかった。

「なーんだ、池田さん、結局は反対だったんだ……」

推進派の住民は見るからに落胆した様子だった。池田が旗幟を鮮明にしたことで、反対派も池田に近づきにくくなったようだ。直接いやみを言われたり、嫌がらせをされたりしたわけではない。だが、池田は空気の変化を察知して、しばらく鞆の浦から距離を置くことにした。

「僕が鞆の浦に住み込んで、もうちょっと本気でやっていれば、状況は変わっていたでしょう。そこに住まずに時々訪れるという状態では限界があったのです。限界がある中でここまで発言してしまったことは、地元の人に失礼なことでした」

言うべきことは言ったから、後は地元の人たちが自分で考え、決めていくのに任せよう……。池田はそういう姿勢をとることにした。

「町をつくるのは、そこに住み、そこで生活をし、その町で人生を生きている人たちです。外で生活している人は、助言はできても主役にはなるべきではないし、事実、主役にはなれないのですから」

画期的判決

「主文　広島県知事は広島県及び福山市に対し、本件公有水面の埋立てを免許する処分をしてはならない」

能勢顕男裁判長が判決文を読み上げる。一瞬の沈黙のあと、傍聴席にどよめきが起こった。二〇〇九年十月一日、広島地裁。鞆の浦の埋め立て・架橋事業に反対する住民らが勝訴した瞬間である。

「やったあ」、「勝ったぞ」。法廷に詰めかけた支援者たちは、喜びに胸を震わせ、涙ぐんだ。

判決理由の中で能勢裁判長は、鞆の浦の景観を「国民の財産ともいうべき公益」であると指摘、「法的保護の対象になる」と述べた。

そのうえで、埋め立て事業について「景観保全を犠牲にしてまでの必要性があるかどうか疑問が残る」とし、「調査・検討が不十分であり、知事の免許交付は行政の裁量権を超えている」と結論づけた。新聞各紙は夕刊の一面トップで報じた。

歴史的景観の保護を理由に大型公共事業が差し止められるのは、おそらく初めてのことだろう。景観保護か、開発か。これからさまざまな場面で論議が巻き起こるに違いない。

池田の感想を聞いてみようと、電話をかけた。

池田は映画監督の大林宣彦とともに、「住民の会」を支援する会の会長を務め、署名運動に協力するなど「外」から訴訟をサポートしてきた。

「素晴らしい結果が出ましたね」

「いやぁ、よかったよ」

電話口の声は弾んでいた。

「画期的な判決ではないですか」

「うん、ようやく世の中の流れが変わってきた。裁判所の環境問題に対する考え方も、高度経済成長時代とは違ってきたようだ。でも、裁判というのは、えらく時間と労力がかかるもんだねぇ」

そもそも、広島県が計画を策定したのは一九八三（昭和五十三）年十二月のことである。その後、見直しや一時凍結を経て、沿岸一・九ヘクタールを埋め立てて駐車場やフェリー桟橋を設け、海上に長さ百七十九メートルの橋を架けるという計画をまとめ上げ、国に埋め立て免許の認可を申請した。

反対する住民たちは二〇〇七年四月、県に埋め立て免許の差し止めを求めて提訴したのだった。

判決を受けて開かれた記者会見で、池田は弁護団長、原告団長に続いて、支援する会を代表して談話を述べた。

「私は町づくりの専門家として方々の町づくりに協力してきました。それは行政との闘いの連続で、大半、無念の涙をのんできました。鞆とのかかわりも二十年近くになります。ようやく判決が出ました」

池田は握るマイクに力を込めて続けた。

「私たちは、先祖が残した汗と涙の結晶のような歴史的景観を自らの手で壊しながら目先の利益を追ってきました。専門家も一緒になって。今やコンクリート護岸ではない港は全国探し回っても鞆しかありません。自然を生かした丸い形をした日本唯一の港、それを守らないでどうするのか、埋め立てるなんて考えただけでもぞっとします。きょうの判決は町づくりにおいても画期的です。この場に立ち会えたことを専門家としてもうれしく思います。戦後の歴史においても記念すべき日になりました」

会場に来られなかった大林は、次のようなメッセージを寄せた。

「鞆の町がそのままに守られ、そういう人の暮らしが誇りと思われる日本を再生しなければ、子供たちの未来はありません。この判決を人間の誇りの蘇生への、一つの優れた契機であるととらえたいですね」

東京・小金井市のスタジオジブリでも宮崎駿が急遽会見し、にこやかな表情を見せた。

「今後の日本をどうするかという時に、いい一歩を踏み出せる。鞆の浦のような文化財に対して計画があまりにもずさんだと指摘した判決は、当を得ていると思います」

前原国土交通大臣は記者団の質問に対して、「広島県や司法の今後の対応を注視したい」と言葉少なに答えた。

鵜養の池田塾

池田は、東北の山村へも活動の場を広げていた。

秋田県秋田市河辺（旧河辺町）鵜養《うやしない》。岩見川系の最奥部、ブナ林に囲まれた八十戸足らずの小さな集落である。そこは、瀬戸内の鞆とはまた別の、味わい深い村だった。

「初めて来たところなのに、懐かしいと思った。実に美しい、典型的な日本の古里といった風景でした」

池田は、「ここを二十一世紀の理想郷にしよう」と呼びかけ、学びの場「池田塾」を設け、地元有志と交流を続けている。

きっかけは講演依頼。一九九五年秋。財団法人・秋田テクノポリス開発機構の担当者が、新宿三井ビルの日本設計を訪れ、「過疎化に悩む農村の『まちづくり』をテーマに講演を」と持ちかけた。「過疎の問題は奥が深い。一度や二度の講演では効果がない」と考えていた池田は、「お役に立てるような話はできません。塾のような形式で、お互いに膝を付き合わせ、いろいろな意見を出し合って、かなり時間をかけて考えていくのであれば、少しは可能性があるかもしれませんね」と答えた。

池田は断ったつもりでいたが、担当者は再びやってきては異常な熱意で迫ってくる。ついに根負けして、引き受けることになった。

塾生は秋田県内から募集した。会社員、公務員、企業の経営者、すでにリタイアした人、主婦……。自分の住む町や村を少しでもよくしたい、と真剣に考えている人たちが続々と結集した。

「塾生たちは、僕がまちづくりの計画図とか、すぐに成果が出るノウハウを示してくれるものと期待していたようです。しかし、僕には最初からそんな考えはない。そもそも、そういう考えがまちづくりを誤らせるということを理解してもらうため、塾という形式を取ったのですから」

池田は塾生たちに、「まちづくりを行うには、その土地の歴史、風土、生活といった文化を考える必要がある」と説明し、鵜養をモデル地区に選定した。

鵜養は、交通の便が悪く、孤立した盆地にあった。そのために、今日まで江戸時代からの文化が色濃く残っていた。

池田は、二か月に一回のペースで現地を訪れ、二泊三日くらい滞在し、塾生たちと交流することにした。池田が戻った二か月の間に、塾生たちは自らのテーマ設定に基づき、それぞれ必要に応じて現地に入り、自分の考えをまとめる。その結果を、池田が訪れた時に、発表することにした。

塾生たちが行動を起こす前に、池田は念を押した。「地元の方々や地元の文化に対して尊敬の念を持ち、作法を守るように」と。池田の言う「作法」とは、自然の摂理に従った行動を指す。これに対し、自然の摂理に反した行為を「無作法」と呼ぶ。

作法と不作法

ザック、ザックと落ち葉を踏みしめ、山の小道を登って行く。秋田市郊外の山あいの集落・鵜養。そこで暮らす人々の心のよりどころ、岩見神社は集落の一番奥まったところにある。坂上田村麻呂や修験僧との関係が深いとされる神社である。

池田は鳥居の前で一礼し、心を正して参道を進む。参道の両側には、たくさんの祠がある。

「この、一つひとつが集落の歴史を物語るものです」

池田は鵜養での「池田塾」の活動を通して、精神的な空間の果たしてきた重みをひしひしと感じているという。

「この集落にはいたるところに神様がいる。かまどのあるところには火の神様、井戸には水の神様、庭や道端にも神様がいる。それらの神様をお参りすることで、集落に精神的にまとまりができている」

鵜養の川の水は澄み、空気はおいしい。生態系の循環によって美しい自然が保たれている。その根源は、集落を取り囲むブナの森である。地元の人はこれをよく知っていて、森の神様に感謝するために、集落の一番奥に参道をつくり、岩見神社として祀ったのだった。

「人間と自然環境との関係を取り持つ一番大事な場所が、神社という精神的空間なのです」

池田はそう言って、パタリと足を止めた。

「これです、これを見てください」

行く手を遮って突然、アスファルトの舗道が現れた。乗用車が静寂な空気を切り裂き、猛スピードで走り去る。

「神聖な参道にズバーン、と。いきなりこれです。鳥居からお宮に通じる大事な精神的空間をハイウェイがぶった切っている」

池田は両手を広げ、顔をしかめた。

「僕はここに来るたびに反省させられる。この無作法な姿こそ、近代技術文明の正体なのです」

近代技術文明は、我々に機能的で便利な暮らしを提供してくれる。一方で、その便利さが私たちの精神生活をがらりと変えてしまった。近代都市計画や近代建築は、日本人が大事にしてきた精神空間をどこにどう配置するかなど一切考慮しない。その結果、都市からも、家の中からも精神空間が消えていった。

池田自身、長女を亡くした時、自ら設計した自宅に仏壇を置くスペースのないことに気づき、愕然とした経験を持つ。

「残念なのは、鵜養のように自然と調和した集落でさえ、精神的空間が損なわれているという事実です」

神社の参道を切断するハイウェイ。それは、集落の歴史と文化の破壊行為にほかならなかった。

鵜養では、林業が国営になって以降、集落の大半の人が営林署に勤めるようになった。岩見神社の参道には山で伐採した木を運ぶトロッコが配置され、その軌道が、車社会になって道路に変わったのだという。

「日本の山村には、こういう場所がたくさんある。日本の文化は自然を神としてきましたから、文化を壊すと自然が壊れる。文化を守ることが自然を守ることにつながるのですが……」

池田はせめて参道にかかっている部分のアスファルトを自然石に張替え、「参道あり」という標識を立ててどうかと提案している。

「車が差し掛かったらスピードを落として、ちょっと拝んで通るというふうになればいいんだけれど……」

池田は鵜養の美しさの秘密を探るため、塾生を伴って、集落や、その生活を支える森や山、水源を訪ね歩いた。祭りや神社の歴史について調べたり、古老から昔の生活や春夏秋冬の行事について話を聞いたりした。

「そうするうちに、なるほどと思わせる生活習慣が色濃く残り、実にいい暮らしをしているのが分かってきた」

集落入口には様々な石碑や石仏が置かれ、悪霊や疫病などの進入を阻んでいた。江戸時代の天保の大飢饉では、他の村では多くの餓死者が出たが、鵜養では一人の死者も出さなかったという話が伝わっていた。どうやら、森林資源と水を生かした「生活の知恵」と相互扶助のシステムが奏功したらしい。

鵜養の集落には、一年の生活に必要な薪（燃料）は、一年で自然が再生産する範囲内で伐採し、それ以上は決して乱伐しないという掟がある。伐採地は三十三か所で、毎年、順番に伐採して最初のところに戻ってくるのは三十三年後。そのころにはちょうど次の木が育っている、という仕組みだ。江戸時代からずっと続いている慣習だった。

明治以降の近代化政策により、他の村では、こうした基本姿勢が次第に崩れていったが、鵜養では、全員が掟を守り、今なお自然と人間が調和する環境を永遠に維持している。

それに引き換え、今日、我々の文明社会の反映を支えている石油などの化石燃料はどうであろうか。化石燃料は、何万年もの年月をかけて自然が蓄えた太陽エネルギーであり、再生には何万年もの年月を必要とする。それを、わずか百年のオーダーで消費しつくそうとしている。そこには、鵜養の生活が教えるような大自然の大いなる循環はない。

もう一つの美点は、水の循環だ。鵜養は、真ん中に設けられた水路に沿って集落ができている。水路は直線ではなく、クネクネしている。自然の起伏を生かし、わずか数十センチの高低差でつくってある。

住民はこの水路から水を取り込み、煮炊きや風呂、洗濯などに利用している。各家庭には必ず池があり、使った水を池で浄化し、田んぼに流す。川から水を引くところから田んぼに流すまで、全過程の管理は、毎年順番に当番を決めて行っている。

池田は、水質を調査して驚いた。

「完璧でした。ＢＯＤ（生物化学的酸素要求量）問題なし。大腸菌もゼロ。水路には岩魚が泳いでいるし、地元の人は、その辺りの葉っぱでちょろちょろ流れている清水をちょいとすくって飲んでいました」

田んぼの畦には、金比羅さまの石柱が立っている。金比羅さまは古来、金刀比羅宮のある象頭山《ぞうずさん》（琴平山）が瀬戸内海を航行する船の目印だったことから、海上安全を願う人々の信仰対象となってきた。

「海軍時代は、士官が一円、下士官が三十銭、水兵は十銭を賽銭として海に投げ込んだものです。それを漁師が拾って金比羅さまに運んでくれた」

その「海の守り神」がなぜ、この山里に祭ってあるのか……。

「森の水は海へと流れ、それが雲になって、また森に雨をもたらす。この大自然の循環を、鵜養の人々は昔から知っていたのです」

池田たちは塾の活動を通して、鵜養を取り巻く自然環境が、大いなる循環という新しい価値観で見直してみると、優に何兆円もの経済価値を持つことに気づいた。

「大自然をまったく損なうことなく、永遠に保ちながら、その再生力の範囲内で自然の恵みを受ける。つまり、何兆円もの価値を持つ自然から、その利息だけをいただいて暮らす。鵜養には、私たちが近代技術文明の名の下でないがしろにしてきた大切な宝物が隠されていた」

池田塾の活動が一年半ほど続いたころ、財団法人・秋田テクノポリス開発機構から、「もうこれ以上は予算が組めません」と連絡があった。池田たちは、それまでの活動内容を報告書にまとめ、財団に提出した。池田塾のオフィシャルな活動はこれで一区切りとなった。

しかし、塾生たちは納得しなかった。「我々の活動は一年や二年で結論の出る話ではない」、「これで終わりにしてはいけない」。最初はすぐに役立つノウハウの伝授を期待していた塾生たちも、フィールドワークを重ねるうち、まちづくりの本質を理解するようになっていた。有志が財団とは別に費用を捻出して活動を継続していくことなった。

まずは「塾舎」。集落の人に相談して跡継ぎのいなくなった空き家を借り、「池田塾」の看板を掲げた。

このころから、鵜養の人々の意識も変化する。胸襟を開いて接してくれるようになった。二〇〇〇年四月八日、池田は村一番の行事、岩見神社のお祭りに、外部の人間として初めて招かれた。二〇〇一年十月には、塾の働きかけで炭焼きが復活した。鵜養では、もともと炭焼きが盛んに行われていたが、昭和三十年代から石油エネルギーが主流となり、「商売にならない」として途絶えていた。当初は池田塾で炭焼きをやろうと考えたが、それでは本当の意味での集落の文化の継承にはならない。池田は、村人たちが意識を改革して自ら行動を起こすまで説得を続けた。

「次の世代への伝承をぜひともやってほしい。炭には時代の要請もある。一大産業になる可能性も秘めている」

池田の粘り腰に、五、六人が手を挙げた。鵜養の伝統的な炭の作り方を知る人たちだった。彼らを塾生たちが応援する形ができた。長い間使われていなかった炭焼き小屋に「木炭の郷」という表札がかかった。

「あと十年もすれば、窯づくりから炭を焼くまでの一通りの技術を持っている人はいなくなってしまうところでした」

池田は胸をなでおろす。

「この炭焼きのように、そこに住んでいる人が、これが大事だ、これがやりたい、と心底から思って行動して初めて、池田塾の成果になる。こちらがおこがましく指導することはしない。むしろ、私たちは教わっている」

地元の人には見えないことが、外部の人間は見える。外部の人間からは見えないことが、地元の人には見える。

池田は言う。

「最終的には地元の人が自分たちの子や孫のために、今何をすべきかを考えなくてはいけない。そこで、地元の人と外の人が共同することによって新しい価値観、新しい可能性を見つけ、育てていく。そういうことを池田塾でやっていきたい」

理想郷の資質

「この十年の間に日本で二千の農山村が消滅すると言われている。これは大問題。若者はどんどん都会に出て行き、集落は老齢化し、後継者がいなくなり、伝統も文化も失われていく。鵜養もやがてそうなる」

池田は危機感を募らせる。

六十五歳以上の割合が人口の半数を超える集落を「限界集落」と呼ぶ。その急増が今日、社会問題になっている。存続か消滅かの瀬戸際にある村がやがてすべて滅び去った時、日本列島はどのような姿になるのだろうか。それは、民族の文化と歴史の喪失にもつながるだろう。

池田が鵜養の民家を借りて池田塾の活動を続け、地元の人たちと定期的に触れ合い、集落の文化を守ろうと努めてきたのは、自責の念に駆られてのことでもあった。

「僕自身、超高層ビルを手がけ、都市の近代化をどんどん進めてきた。それが国を良くすることだと思って。その結果、都市と農山村の格差が広がった。それだけに責任を感じているし、身を賭してこの問題に取り組まなければいけないと思っている」

池田は今日の日本の農山村の荒廃は、戦後の近代化の陰の部分であり、経済発展の犠牲だと考えている。

鵜養などの農山村の集落は江戸時代から長い間、森林を守り、畑、田んぼを守って自然を保全してきた。ところが、集落が廃れていくのと並行して、日本列島全体の環境が壊れていった。都市で汚れていく空気を浄化してくれるのは森林の守り手がいなくなったからだ。

「私たちはこれまで、都市は都市、農村は農村というふうに問題を分けて考えきたけれども、実は、農山村の問題は都市に住む人たちの問題でもある。農山村の自然環境が保たれて、はじめて都市が生きるのだから」

人間は自然の一部であり、自然の恵みによって生かされている。その自然に手を加える（破壊する）ということは人類全体の自殺行為に他ならない。いまこそ全人類がその峻厳なる事実を正面から受け止めなければならない時だ、と筆者は思う。

元読売新聞記者で科学ジャーナリストの中村政雄は著書『原子力と環境』（中公新書ラクレ）で、次のように警告している。

「昨日と今日が大丈夫だからといって、明日が大丈夫であることの保証にはならない。もしそうならローマや唐が滅びるはずがない」

中村が例として挙げるのは、チグリス・ユーフラテス川のほとりに生まれたシュメール文明である。この文明が滅びたのは、灌漑による塩害だった。

最初は作物の増産が進んだ。人力では運びきれないほどの収穫物を運ぶのに荷車が発明された。人口が増え、政府ができ、帳簿をつけるため文字が発明された。しかし、蒸発の激しい土地に水をまいたから川の水に含まれている塩分が蓄積し、土が水を放すまいとする力が強まって植物が水を上げられないようになり、小麦も大麦も枯れ、ついには食べ物がなくなって文明は滅びたのである。文明を生んだ灌漑という技術が土の中に塩分を蓄積し、植物の育ち得ない土壌に変えてしまったのだ。繁栄の原因が滅亡のもとになる。これは歴史の大きな教訓ではないだろうか。

中村は指摘する。

「ゆっくりした変化も、いつかはさなぎが蝶に変わるように劇的な変化を見せる。私たちの病状にもこのような変化がたくさんある。気づいた時には手遅れというケースが少なくない」

近代技術文明の思想はあまりに人間中心でありすぎ、人間以外のあらゆる生命への配慮に乏しかった。大自然の大いなる循環を無視していた。逆に言えば、大自然の大いなる循環に目を向けさえすれば、輝かしい未来を手に入れることも可能となるだろう。

そういう視点で見ると、鞆養は実に示唆に富んでいる。

池田は明快に言う。

「鞆養こそ、未来の理想郷づくりの模範となる資質を持っている集落だ」

模範都市の悲劇

美しい日本の風景を取り戻そうと、池田が広島県・鞆の浦や秋田県・鞆養を飛び回っているころ、日本列島に思いもよらぬ激震が走った。一九九五年一月十七日午前五時四十六分、阪神・淡路大震災。池田は東京の自宅にいた。テレビニュースを見て、驚愕した。

「あの神戸が、まさか」

戦災で焼け野原となった神戸市は、山を削り、その土で海を埋め立てて見事に戦後復興を成し遂げた。戦後開発の模範とまで言われた都市を襲った突然の悲劇。それは、池田ら建築家たちへの自然からの強烈なしっぺ返しでもあった。

日本建築家協会の役員から「調査団の団長になってください」と、池田のもとに要請の電話が入った。池田は五、六人のチームを編成して、すぐさま現地へ向かった。当時、池田は日本設計名誉会長。建築家協会では一九九五年から九六年まで都市災害特別委員会委員長を務めた。

大阪まで新幹線、その先は車を乗り継ぎ、最後は歩いた。三日間、つぶさに現地を見て回った。想像を絶する光景だった。

「関東大震災の時は母のお腹の中にいたから、これほどの震災を目の当たりにするのは初めてでした」

気になったのは、同じ構造のビルでも、通りをはさんで一方は倒壊し、反対側は壊れてないケースが数多く見られたことだった。

「これは建物の構造上の問題ではない」と、池田は直感した。

同じく現地調査をしていた立命館大学の地質考古学者と話し合って、謎が解けた。

地質考古学者は、「被災地区に古地図を重ねてみたところ、建物が倒壊せずに残っている地区は太古から集落のあった場所。一方、倒壊した地区は昔、潟で、明治以降、人が住みついたところだ」と指摘した。

同様に、高速道路の高架でも、構造上はまったく同じ設計なのに、被害がない部分と数百メートルにわたって倒壊した部分があった。これについても、縄文時代には海だったところに建てられた橋脚が壊れ、砂堆上で倒壊が止まっていることが判明した。阪神高速道路で、運行中のバスが眼前で落下した道路に半身を乗り出したまま止まった現場も、縄文時代の海と砂堆との境界線だった。

さらに、地震に強いと言われていた地下鉄も縄文時代の潟の部分は地盤の陥没などの被害があった。新幹線の高架部分で崩壊した八か所は三百年から三千年前まで川筋だった場所だった。

「これは地球の時間を無視した近代都市の悲劇だ」

池田はそう思った。

被災地の調査を終えた池田は、建築家協会に報告書を提出するとともに、学会や新聞にレポートを発表し、警告を発した。

「大自然が何万年もかけてバランスを保ってきた地形を人間が壊して平坦にした。市街化が進んだ今は、みな同じ平地に見えるが、被害が集中したのは、近年になって埋め立てたり盛り土したりした新興住宅地だった。ポートアイランドがいい例だ」

同年の世界都市開発協会の講演では、「阪神・淡路大震災に学ぶ」と題して次のように訴えた。

「山、平野、川、岬、入り江など今日ある大自然の地形は何万年、何百万年の時間の中で、地震、火山の爆発、台風による洪水などの自然現象をたびたび経て、崩れたり流れたり集積したりしながら現在の安定したバランスを保っている。

その大自然を人為的に改変するということは、そのバランスを崩す行為にほかならない。

言い換えれば、次にくる地震や洪水などの自然現象に対してきわめて不安定なもろさを作り出すことになる。（中略）

近代技術文明を私たちはあまりに過信し、大自然に対しておごった心をもっていたのではないか。

地球によって生かされている人間が、人間を中心と考え、地球という自然を人間の都合のよいように改変しながらつくってきた近代都市のあり方を、今回の地震は厳しく問うているように、私は思える。

科学技術による文明社会が人間中心主義の思想から脱却し、人間と他の生物、あるいは大自然との関係を問い直さなければならない。その上で都市のあり方を考えるべきではないか」

池田はまた、「学術調査のため倒壊したビルをいくつか残しておくべきだ」と繰り返し主張した。

しかし、一月足らずの間に壊れたビルはきれいに解体されてしまった。

「高層ビルをこれだけ一挙に壊すのは何兆円かけてもできない実験。絶好の研究材料だったのですが……。調べられると、不具合が見つかると思ったのでしょうか。証拠を隠すかのようにサーッと全部撤去してしまいましたからね」

池田は、自然が与えたせっかくの教訓を生かしきれなかったことを悔やむ。

「これは太平洋戦争時、日本が戦訓を生かせなかったのとまったく同じ状況だ」

池田は軍艦「矢矧」に乗艦してマリアナ、レイテ、沖縄海上特攻の三海戦に出撃した。三つの海戦を顧みると、米海軍は失敗を繰り返さないため、兵装、兵法を練り直し、一戦ごとに強くなって日本海軍の前に現れた。逆に、日本海軍はいつも後手に回って苦戦を強いられ、最後は特攻しか打つ手がなくなった。

「日本は戦訓を生かすどころか、むしろ、じりじり後退していったように思う」と、池田は振り返る。

作法の伝承

阪神・淡路大震災の翌年の一九九六年四月、池田は長崎総合科学大学建築学科の特任教授に就任した。秋田市に池田塾を開設し、広島県・鞆の浦の緊急提言を発表したのと同じ年である。商工会議所のまちづくり委員会で懇意となった教授から要請を受けた池田は、「講義はちゃんとやります。でも、教授会などには一切出席しません」という条件で引き受けた。

講座名は「環境計画学」。講義は月一回のフィールドワークを基本とした。

その第一回講義の場所として、池田が選んだのは、大学から五キロほど離れた海岸だった。かつて大学のセミナーハウスがあったところで、環境問題を考えるのにふさわしいと考えたからだった。

講義初日。朝から土砂降りの雨となった。学生たちは慌てた。

「すごい雨だ。どうしよう」、「車がない」、「手配しなくちゃ」。

右往左往する学生たちを見て、池田は一喝した。

「君たち、足があるじゃないか。雨が降ったら歩けなくなるのかね」

ハッとして自らの足元を見つめる学生たち。

池田は準備してきた長靴をはき、レーンコートを羽織って悠然と歩き始めた。学生たちは顔を見合わせ、うなずき合って、池田の後に続いた。

目的地まで二時間は、打ってつけの実地研修となった。

雨は一段と激しさを増し、普段はちょろちょろとしか流れていない川があっという間に濁流になった。学生たちの目の前に、生きた教材が次々と現れた。

海岸線に山が迫っているところに道路をつくるとどうなるか。どんなところで宅地造成をすると、土砂崩れが起きるのか。乱開発が引き起こす災害の実態が具体的な形で学生たちに示された。池田の目論見通りだった。

そうこうしながら目的地にたどり着くと、海岸にブルドーザーが入っていた。町が経済活性化のために海水浴場やヨットハーバーなどのレジャー施設をつくる工事を進めているという。

大学には相談があったのか聞いてみると、大学当局にはだれも知る者がいなかった。学長はびっくりして町や県に問い合わせた。既成事実は進んでおり、大学として有効な手を打つことはできなかったが、学生たちにとっては貴重な体験学習となった。

「現場体験」授業は、八年後の二〇〇四年三月、池田が退任するまで続いた。

「建築とは、人間の生きる環境、人間の人格を形成する大事な空間を扱うもの。エアコンの効いた部屋で図面を引くのではなく、自然の中に身を置いて図面を引くようでなければだめだ」

池田はそう言って、学生を教室から現場へ連れ出し、その場所にどういう建築物をつくったらいいのかを考えさせた。池田には、学生たちが自然に対する感性を失い、ある意味では、どんどん退化しているという危機感があった。

「人間はエアコンなしで何千年、何万年と生きてきた。ごく最近になってエアコンができた途端、家の中に閉じ込められ、発想が貧弱になった。子供たちをエアコンの中に入れてちやほやして育てていたのではどうにもならない。できるだけ自然の中に放り出し、本当の暑さ、寒さを体験さなくては」

池田は、西海市西彼町琵琶ノ首鼻の自邸「邦久庵」にも学生たちを招いた。学生たちは車座になって、池田の講話に耳を傾けた。

「僕はこの家を趣味でつくったわけではない。人間の生き方としてこうあるべきという思いでつくったんだ。ここまで自然に接した家をつくるのはなかなか難しいだろうが、『人は家をつくり、家は人をつくる』という言葉はしっかりと覚えておいてほしいんだ」

一帯の土壌改良にも授業の一環として取り組んだ。

琵琶ノ首鼻は大村湾に突き出た岬。片側の護岸がコンクリートで固められているため、雨水が土にしみ込まず、土中の水分が海に流れ込むこともない。このため、地中の環境バランスが崩れ、木が枯れるなどの影響が出ていた。

「大村湾は長崎の宝。岬の自然を回復させることが大村湾の浄化につながる」

池田は学生たちを伴って岬の裏山に入り、約千五百平方メートルに、わらを敷き詰めた。わらは雨にぬれると地面に密着し、水をゆっくりと地中に流れ込ませるため、弾力のある豊かな土壌ができる。

最終講義となった二〇〇三年十一月十四日には、建築学科の学生約四十人が参加し、一時間かけて山にわらを敷いた。池田は講義をこう締めくくった。

「海と山が接する琵琶ノ首鼻は、大村湾全体の環境を凝縮している。ここの自然を回復することが湾全体の環境を守るヒントになる。この自然は何兆円出しても買えない」

二十世紀の古都

超高層から茅葺きへ

ひきよせてむすべば柴の庵《いおり》にて　とくればもとの野はらなりけり

歴史書『愚管抄』の著者として知られる天台宗僧侶・慈円（一一五五－一二二五年）の歌である。庵とは、草木を結んでつくった小屋のことで、「建てる」とは言わず、「結ぶ」と言う。現代文に訳せば、「そのへんの柴をかき寄せて結べば、庵になる。結び目を解くと、何もない野原に戻る」ということになろう。

庵は、あるとも言えるし、ないとも言える。同時に、あるとも言えないし、ないとも言えない。庵の存在は「結ぶ」か否かにかかっている。結べば存在し、解けば存在しなくなる。有であり、無でもある。これこそ、すべての実在は「空」が生み出すという仏教の根本原理である。

さて、話は池田武邦が結んだ庵についてである。

長崎県西海市西彼町風早郷琵琶ノ首鼻の波静かな大村湾内の岬の先端にぽつねんと立つ茅葺きの日本家屋。二〇〇一年に完成した。「邦久庵」という名は、武邦の「邦」と妻久子の「久」を一文字ずつ取っただけでなく、無限の広がり（邦）と永遠の時間（久）という意味も込めている。まさしく、時空を超えた「空」の世界である。

「東京にいると、人は訪ねて来ないのに、ここにいるといろんな人が来る。東京に比べて実に不便な所なのに、不思議です」と池田は言う。

この庵には、確かに人を引き寄せる何かがある。

純和風茅葺きの家「邦久庵」

白い雲、青い海、緑の木々――。そうした周囲の風景にしっくりと溶け込んでいるのは、すべて地元の自然の素材で「結んだ」からだろう。周りの植物や昆虫、鳥、一切の生き物たちが、自己の生命に充実と誇りをもって大地を飾っているようにも見える。

「建築家としての僕の半世紀の歩みの結論、それがこの家です」

海に面したデッキ（テラス）に座り、池田は目を細める。デッキから居間へ、心地よい潮風がスーッと通り抜けていく。

池田は、霞ヶ関ビル、京王プラザホテル、新宿三井ビルといった超高層建築を手がけ、その後も、筑波研究学園都市、新橋演舞場、沖縄熱帯ドリームセンター、東京都立大学新キャンパスなど数多くの建築物の設計責任者

池田さんが基本設計を手がけたアクロス福岡。
年を重ねるごとに公園の緑との一体化が進んでいる

として活躍した。長崎オランダ村やハウステンボスなど、過去に例を見ない壮大な実験都市の創造にも取り組んだ。その建築界の牽引者が、どのような経緯でこの家にたどりついたのか。

海軍兵学校を卒業して戦地へ赴き、クラスメートの半分以上が戦死した中で、池田が強烈に感じたのは、米国の圧倒的な科学技術力だった。

そんな池田が戦後になって、「アメリカに追いつけ、追い越せ」の掛け声のもと、科学技術を原動力にして我々の生活向上を志向していったのは無理からぬことだった。

「僕が建築家を志したのは終戦直後の一九四六（昭和二十一）年。当初は何の疑いもなく近代建築の合理性をひたすら追求してきた。その一つの回答が超高層ビルだった」

が、得意の絶頂にあった五十歳の時に体験した「吹雪の夜」をきっかけに、建築哲学を一八〇度転換。以後、近代技術文明を疑い、自然の摂理に従った循環型社会の形成を志向するようになった。

神近義邦と出会い、琵琶ノ首鼻に小屋を置いて、冬休みや夏の休暇を過ごすようになったのも、ちょうどそのころ。池田はここで、太古からほとんど人間の手が加えられていない貴重な自然が人工の構造物によって壊され、変化していく様を目の当たりにした。

邦久庵前の波静かな大村湾

「大村湾の自然の浜辺がコンクリート護岸によって少しずつ破壊されてゆく。そういう姿を見ているうちに海辺の生き物や陸地の樹木、小鳥や昆虫たちの無言の叫びが聞こえるようになったのです」

池田の双眸に、近代技術文明の暴力と、それに無言で堪える自然の姿が焼き付けられていく。

「僕の小屋は岬の先端にあって、潮が満ちてくると足をぬらしながら歩いたのですが、今は家の前まで車で行ける。護岸工事をしてコンクリートの道路を通したからです。海につかりながら歩いた浜が車の走る道路に変わって昔のような魅力がなくなり、がっかりです」

工事を担当していた長崎県耕地事務所は、小屋の敷地内まで舗装しようとした。池田は、「それだけはやめてくれ」と断った。

「相手はやってあげますよ、という意識ですから困ったものです」

そうこうするうちに岬の反対側の沿岸にも護岸工事が進んできた。過去に台風で畑が波に洗われた経験から、地元の陳情があって着工されることになったという。

池田は、ハウステンボスの造成の時と同じように、コンクリートではなく、自然石を使った護岸にすることを提案した。

「よそ者である僕がとやかく言うのは地元の人に失礼な話です。でも、この海岸線には多様な生物が生息していて、人間を含む環境全体のバランスを保つうえでひじょうに重要でした。そこをコンクリートで覆ってしまうことに僕は賛成できなかった。そこで、台風から畑を守りつつ、なおかつ水際の生態系も保護できる方法を提案し、地元の方々とひざを突き合わせて何度も話し合ったのです」

自然石を使って工事を行った琵琶ノ首鼻の護岸

地元の農家の人たちには、自然石では安心できないという気持ちもあったが、池田が「万一畑が冠水したら個人的に弁償します」と一札を入れることで最終的な了解を得た。

こうして「オフ」の時間を琵琶ノ首鼻で過ごしながら、池田は、建築とは何か、いかにあるべきかを無意識のうちに考えるようになった。

やがて、ここに建てるべき建築物のあり方が、はっきりとした形となっていった。それは、「建てるべき建築物」ではなく、「結ぶべき庵」であった。

縁によって結ばれる

琵琶ノ首鼻を訪れるようになって三十年余りの間に、池田は地元の棟梁の一人と親しくなった。棟梁の話すところによると、彼は若いころ、師匠の下で働きながら、伝統的な和小屋の工法を身に付けたという。以来、四十年近く、木造家屋の建築を数多く手がけた。しかし、茅葺き屋根はおろか、せっかく受け継いだ伝統技法の腕を振るう機会は皆無だった。

「彼がいなくなれば、西彼町には和小屋の伝統技法を身に付けた大工は絶えてしまうのではないか」。池田は危惧した。

「茅葺きの和小屋は平凡な工法ではあるが、何百年、何千年もかけて培われてきた先人たちの知恵の結晶だ。何とか、棟梁が次の世代の大工たちに伝統技法を伝承する場を提供できないものだろうか」

その思いを実現させる場は、自らの居宅建築をおいて他になかった。こうして、地元の気候風土

「邦久庵」の囲炉裏端で思いを語る池田さん

に根ざしているだけでなく、地元の人が地元に伝わる技法でつくるという、徹底的に先人の知恵にこだわった庵が完成した。邦久庵はこうして、棟梁との「縁」によって「結ばれた」のである。

この庵について池田は、「建築家としての集大成とも言えるが、出発点でもある」と言う。

「なぜなら、茅葺は日本建築の原点であり、建築とは本来、その土地に根ざし、受け継がれていくべき文化そのものであるからです」

池田は、近代建築・超高層という回り道をして、今、ようやく日本人の原点に戻ったのである。

「ほら、この屋根を見てごらんなさい」

池田が天井を指差す。

「台風が来ても、どんな大雨でも一滴も雨漏りしない。それでいて通気性がある」

確かに、囲炉裏で火を使う冬場も、室内に煙が立ち込めるということはない。冬は暖かく、夏は涼しい。

「保湿性があって断熱性にも優れている。こういう素材は人間にはつくれない。保湿性だけとか、断熱性だけとか一点に秀でたものはつくれても、これだけトータルに兼ね備えたものはつくれない」

池田は、これを「神様」が創った素材だと言い、「だからすごいんだ」と相好を崩す。

人間がつくったものと神様が創ったもの。どこがどう違うのか。

「人間がつくったものは新しいものほどよい。ピカピカしていて。だけど、常に手入れが必要で、不要になると、粗大ごみになる。これに対して、神様が創ったものは、風雨にさらされるほど奥深くなり、時間がたてばたつほど威厳が出てくる。そして、朽ちたらすべて土に還る。人間がいくら気張ってみても、神様には到底敵わない」

池田はそう解説し、もう一度、茅葺の天井を見上げて微笑した。

「神様がひとなでするると、この通り見事なものができる。昔の人は科学技術がなくても

家の真ん中に設けられた神棚

霊感みたいなもので自然を畏れ、神様を敬ってきた。そうした生活の知恵を親から子、子から孫へと伝えてきた。先人の知恵はすごい。頭の下がることばかり」

池田は出来上がった家の真ん中に神棚を設け、神様を祭った。

神々を忘れた暮らし

「かつて日本の隅々までいきわたっていた日本人の生活の知恵、生活文化の深さは、知れば知るほどすごい。あらゆることに脱帽ですよ」

邦久庵の炉辺でくつろぎながら、池田は言う。

「日本人は自然を神として祭っていくうちに、神様の怒りに触れるようなことをしてはいけない、という道徳観を生活の中で何代にもわたって感じ、文化を築きあげてきたのです」

その中核にあるのが、神の意思に反した行為、自然の摂理に反した行為をすれば、必ず「罰」が当たる、「天罰」が下るという言い伝えである。

池田が小学生のころ、井戸のそばに水神様が祭ってあった。学校から帰ると、水神様にお参りしてから、家に入った。川にごみを捨てると、水神様の罰が当たるぞ、としかられた。

「生態系がどうのこうのという理屈でなく、罰が当たるという言葉を通して、根元的な生きる作法を小さな子供にも分かるように教えていたのです」

前にも書いたが、池田の言う「作法」とは、自然の摂理に従った行為を指す。これに対し、自然の摂理に反した行為を「無作法」と呼ぶ。

「近代合理主義、近代技術文明というのは一見、合理的に見えるようだけれども、自然の摂理に対しては、大変に無作法な哲学と言わざるをえません。人間中心で、人間が自然をコントロールしてもよいという考えがそのベースにあるからです」

たとえば、人は、洪水対策としてダムをつくろうとする。太古の民は、「神様が暴れている」と畏怖しつつ、「神様が暴れたい時に暴れることができるように」と、ある程度の洪水の範囲を受け入れもしてきた。その年は田んぼが全滅するだろう。しかし、上流から運ばれてくる肥沃な土にあやかって次の年には良い耕作ができる。人々はそう信じて我慢してきた。

「こうした自然の脅威を受け入れることで築いてきたのが日本文化。日本文化には自然に対する凝縮した知恵がある。その知恵を端的に表した言葉が『罰が当たる』なのです」

罰が当たる――この言葉さえ今は死語になりつつある。

一九三五（昭和十）年から三九年にかけて「朝日新聞」に連載された吉川英治の「宮本武蔵」は、新聞紙上空前の人気小説となった。その中に次のようなくだりがある。武者修行中の武蔵が富士山の雄大さに圧倒されるシーンを描いた部分である。

畢竟、人間は人間の限度にしか生きられない。自然の悠久は真似ようとて真似られない。自己より偉大なるものが厳然と自己の上にある。それ以下の者が人間なのだ。武蔵は富士と対等に立っていることが恐くなった。彼はいつのまにか地上にひざまずいていた。

無敵の剣豪も、自然の前にはただ、ひざまずくしかなかった。

武蔵は、自然、神、宇宙といったものを決して敵に回してはいけないと知り、それらと一体化してこそ真の強さを発揮することができる、と悟るのである。そして、「一個の人間というものがどうすればその生命を託す自然と融合調和して宇宙と共に呼吸し、安心と立命の境地へ達し得るか、得ないか。その完成を志して行こう」と決意するのだった。

ここで、もう一つ。西郷南洲翁の遺訓を紹介したい。

天地自然のものにして、人はこれを行うものなれば、天を敬するを目的とす。天は人も我も同一に愛し給うゆえ、我を愛する心をもって人を愛する也。

人を相手にせず、天を相手にせよ。天を相手にして、己を尽くし、人をとがめず、我が誠の足らざるを尋ぬべし。

このように、ひと昔前の日本人は、自然、神、宇宙といったものを畏れ、敬う心を持っていた。こうした情緒が、日本人の民族としての謙虚さを生んできた。

山の神様、海の神様、水の神様などたくさんの神様に囲まれた日本。葦が茂り、稲作に適した「豊葦原の瑞穂の国」。日本は太古の神話時代から、八百万の神とともに、自然の摂理に従って生きることを最高の「徳義」とする国であった。簡単に言い切ってしまえば、日本人は、「神様＝自然の摂理」と考えてきたのである。

ところが、戦後、私たちはこうした先祖の教えを弊履のごとく打ち捨て、欧米の近代合理主義、近代技術文明の信奉者となった。

池田もまた、そうであった。学校では、物事を科学的、合理的に判断するよう徹底的に教え込まれた。「水はＨ２Ｏであって、水に水神様がいるというのは古い考え方で不合理」という具合に。目に見え、数字に表れることは信用できるとし、神や自然を畏れる気持ちなど計量化できないものは迷信とされた。

「こうした教育が自然破壊につながっている」と池田は指摘する。

宮本武蔵と西郷隆盛。戦前の日本で絶対的国民人気を誇った二人も、平成の世にあっては、理解しがたいアナクロな人物と映ってしまう。その偉大さ、深さが近代合理主義の枠に納まりきれないのだ。

「戦後、僕は、日本にいながら異邦人の中にぽつんと一人でいるような感じをずっと持っていた」と振り返る池田。日本人はあの戦争を境にすっかり変わってしまったのである。スイッチが切り替わるように。

三十世紀の古都

戦後日本を席巻し、復興の原動力となり、私たちの基礎となっている価値観は、日本人の伝統的な考え方とは著しく異なっている。論理的で理屈の通るものが優先され、割り切れないものは、ばっさりと切り捨てられる。「近代合理主義」「近代技術文明」「物質文明」「唯物論」などと呼ばれる価値観である。こうした考え方は、西欧社会で宗教改革の嵐が吹き荒れた後、世界中に広まった。

宗教改革によって、人々の心の拠り所は、「教会」から「聖書」に移った。それまで教会が主導してきた道徳や規範といったものが急速に色あせ、人間中心の新しい価値観が芽吹いた。中世から近代への移行である。

では、その基となる「聖書」の世界観とはどういうものなのか。

旧約聖書の創世記によると——。

神ははじめに天と地をつくり、続いて陸と海、太陽と月と星をつくった。六日目になって、神自身の形に似せて人間をつくり、「生めよ、増えよ、地に満てよ。地を治め、魚、鳥、すべての生物を治めよ」と命じた。

こうして天地万物を創造した神は、七日目に休息し、この日を聖なる日と定めた。日曜日を休日とする習慣はこの神話に基づいている。

この天地創造の物語、理路整然としていて分かりやすい。ただ、人間に対して、「すべての生き物を治めよ」と命じている点に、自然を神として畏れ敬い、子供たちに、「一寸の虫にも五分の魂」と教えてきた日本と大きな違いが見える。

私たちの先祖は、樹齢何百年という古木を見つけると、しめ縄を張り、神木として崇めた。山の上に大きな岩があれば、これは人間業じゃないと驚き、山の神様として祭った。井戸のあるところには水神様を祭った。こうした風習は、西洋の人々には、得体の知れぬ奇習に見えるかもしれない。だが、いずれがより深く、巨視的であろうか。

西洋はまた、すべてを創造した神のなせる業を証明し、神を賛美するために、目に見えて計量化しやすいものから片っ端に解明してゆき、自然科学を発展させてきた。これに対し、日本人には自然を数量化する必要などまったくなかった。自然とは上手につきあっていくものであり、そのために自然に対する作法を守ってきた。

然るに、現代日本は、人間による自然支配が根底にある西洋文明を妄信的に取り入れて、自然を神とした自らの固有の歴史と文化を葬ってしまったのである。

大きな変化は、明治維新と太平洋戦争の敗北後に起きた。この二時期、日本は国家として生き延びるため、西洋化せざるを得なかった面は確かにある。しかし、日本特有の生活文化を否定するような異質なものまで取り込んでしまったのは行き過ぎだったのではないだろうか。泡を食って「やりすぎ」たところはなかったか、顧みるべきだろう。

明治時代、日本人の精神性の喪失を憂い、物質文明の先行きに疑問を投げかけた代表者の一人が西郷隆盛ではなかったかと思う。西郷は維新の大業を成し遂げながら、物質文明に毒された東京に見切りをつけ、故郷鹿児島で大地を耕す生活に戻った。

そして今、物質文明の先頭に立って超高層ビルを建設してきた池田武邦が、茅葺きの家から日本に警鐘を打ち鳴らす。

「日本の伝統は自然との共存であり、江戸時代までの日本は世界に誇れる持続可能な循環型社会であった。僕らはこういう考え方を次世代に継承するのをすっかり忘れていた。ハウステンボスにはその反省が込められている」

神近義邦は、二十年前にこう予言している。

「京都は昔、長安の都を模した計画都市であった。千年の時を経て、京都はもはや長安の模倣ではなく、追随を許さない日本の古都となった。年はそこに生活する人々が新しい文化を生み出し、熟成させていく。オランダを模した計画都市ハウステンボスも千年後には、誰もオランダの模倣とは言わない日本の古都となっているであろう」

（上之郷利昭著『ハウステンボス物語』）

ハウステンボスはオランダをモチーフにしたテーマパークではない。三十世紀の日本で、古都と呼ばれるためつくった「未来都市」なのである。

火の玉の意志

一九九二年、荒れ果てた工業団地に忽然と姿を現した人造都市・ハウステンボス。その威容に、訪れた人は感嘆の声をあげた。

東京ディズニーランドとディズニーシーを合わせたくらいの広大な敷地面積を持ち、行政上の地名も「ハウステンボス町」と改称され、県道も「ハウステンボス線」に。歴史上、戦国大名が城下町をつくった例はあるが、一民間企業が街を創造し、事業として経営するのは初めてのことだった。

前人未到の挑戦に感銘、共感し、熱心な応援者となった人は数知れない。

財界の鞍馬天狗と呼ばれた中山素平が神近義邦の才能を認めて、一大プロジェクトを全面支援したことは、すでに書いた。オープン間もないころに宿泊したマイケル・ジャクソンは園内の施設を気に入って絶賛、その後再訪を果たした。ナチュラリストで作家のC・W・ニコルは、長崎オランダ村時代からのサポーターである。最近では、アウトドア愛好家の清水国明が惚れ込み、園内に居住していた。地元佐世保市出身の作家・村上龍も熱烈な応援団のひとりだ。

村上の小説『長崎オランダ村』(一九九二年、講談社刊)に、次のような一節がある。物語の語り手である「私」が、初めて長崎オランダ村を目にした時の印象をつづったくだりである。

大村湾ほど女性的で、のどかな景色を私は他に知らない。（中略）良くも悪くも曖昧で、かすんでいて、優しくて、間が抜けていて、暖い。私にとってはもっとも日本を感じる風景である。
そんな中に、ふいに風車と洋館が出現する。大きな帆船、煉瓦作りの街、石畳の道、そしてオランダの国旗がはためく。それが、近年の観光施設として爆発的な人気を呼んだ長崎オランダ村だった。（中略）
それにしても、オランダ村の、家々や帆船は風車のコピーは異様に精巧だった。桟橋に使われていた木も恐らく本物と同じ材質なのだろうと思われた。（中略）きっとオランダ人が見たらびっくりするだろうというほど本物に近かった。誰がこんなものを作ったのだろう、と不思議な気分になったのを憶えている。

これは、村上に限らず、当時、オランダ村を訪れた人ならだれもが抱く素直な感想だったろう。神近は、西彼町の自然をそっくり生かすというコンセプトで、長崎オランダ村を大成功させた。その追い風に乗って、ハウステンボス建設に乗り出す。ハウステンボスの建設予定地には、オランダ村の時のような守るべき自然はなどない。荒漠とした埋め立て地が広がるだけだった。

「破壊された環境を元に戻す。これを二十一世紀の日本の町づくりの典型にしなければならない」

神近が描いた夢を、池田武邦が図面に落としていった。

村上は、『長崎オランダ村』を執筆するに当たり、社長の神近、専務の高田征一と何度も会い、取材している。建設が始まったハウステンボスも視察した。

ある時、食事の席で、村上は神近にこう聞いた。

「神近さん、一体どういう気持ちで、こういうものをつくっているんですか」

神近は明快に答えた。

「鉄の意志で、火の玉になってつくっています」

村上は、気圧され、感心したという。神近という男の熱に当てられたのだろう。他人の評価など眼中になく、ただひたすら己の信じた道をまっしぐらに突き進む男の熱気に。

池田もまた同種の人間である。

「建築学会賞などたくさんもらったが、そんなこと僕にとってはまったく意味がない。表彰されたからといって僕という人間が変わるわけではない。人の評価などどうでもよろしい」

実際、受章パーティーなどは一度も開いたことがない。独立自尊。不断に自己成長する人間に共通した考え方だ。

後に、村上は次のように述懐している。

「私は（神近社長の）その答えが気に入って、映画『トパーズ』の準備、撮影を、火のような意志、火のような意志、とつぶやきながら進めたのを憶えている」

そういう村上も、初めは古里の大村湾に巨大リゾートができると聞いて、快く思わなかったようである。しかし、実際に現場を見て、神近らと触れ合う中で、その奥深さを知り、ファンになり、後には支援者にもなった。小説の「あとがき」には、こう記してある。

長崎オランダ村ハウステンボスは、オランダの様式を借りた単なるリゾート・コンプレックスではない。（中略）
エコロジーを唱えるだけではなく、極端に言えば火星を地球化するというような（もちろん宇宙の生態系を破壊せずに）、積極的で、かつ創造的な姿勢が必要な場合もあると私は思う。ハウステンボスも同じようなテーマに取り組んでいるように感じる。

ハウステンボスが開業当初の活況を失いつつあった二〇〇二年八月、村上は、園内での音楽イベントを自らプロデュースした。港町スパーケンブルグの広場で、キューバ音楽をベースに、サルサダンスなどを楽しむ「クラブトロピカーナ」である。
村上は一九九〇年代初めから何度もキューバを訪れており、「つらいことを元気な音楽で吹き飛ばす強さが気に入っていた」という。その元気を、ハウステンボスに持ち込もうとしたのである。キューバの歌姫や人気バンドが出演し、本格的なキューバ料理やお酒も賞味できるというお祭りのようなイベントは以後、ハウステンボスの夏の風物詩に成長していく。
「海からの風と音楽、大村湾にゆっくりと夕日が沈む。こんな美しい瞬間はない」。村上はそう讃えたものだ。

イベントの開始にあたり、村上はハウステンボス・ユトレヒトプラザで、キューバ音楽を「聞く」会を開いた。会場には、ハウステンボス、キューバ政府関係者を含め百人余りの招待客で埋まった。神近と池田は最前列に座った。

村上が招いた自慢のミュージシャンが、乗り乗りの演奏を始めた。強烈なビート。スピーカーから吐き出される大音響に、池田は思わず耳をふさいだ。

「音が大きすぎて、苦痛だった。こういう音楽は、屋外で、マイクなしでやるもんなんだよ」

池田は、最初から最後まで耳を押さえ続けていた。

演奏が終わった。

「これは音楽じゃない。雑音だ」

池田の第一声に、村上が血相を変えた。村上は、池田が演奏中、耳をふさいだままでいる姿に、我慢に我慢を重ねていたのだ。

「耳が痛くなったよ、まったく」

追い打ちをかけるような池田の一言に、村上は逆上してしまったようだ。怒気を含んだ顔で、ツカツカと池田の方へ向かって来る。

「聞きたくなければ、出て行ってくれればよかったじゃないですか」

池田は憮然として言った。

「なんだ、君は」

村上が池田に肩をぶつけ、襟首をつかみかかりそうになる瞬間、神近が割って入った。

「まあ、まあ」

神近は池田に正対して言った。

「先生、おとなげないですよ。彼だって一生懸命やってくれてるんだから」

池田は泰然としている。

「僕は、自分が感じたままを言ったんだ。僕には耐えられなかったよ。この音楽」

神近のとりなしに、村上も冷静さを取り戻したようだ。

「すみません。つい、カッとなってしまいました」。そう言って頭を垂れた。

「子供の頃、お袋にしかられたことはありますが、大人になってから、人に注意されるのは、きょうが初めてです」

「分かればいいんだよ」

池田はうなずいた。

池田はハウステンボスの設計にあたって、緊急時以外、園内で電気的な音が発生することがないよう気を配り、耳を澄ませば、潮騒や鳥のさえずりが聞こえるようにした。そういう環境にキューバ音楽をうまくマッチさせるのは、なかなか難しいことだったのかもしれない。後に池田はこう話した。

「あの時の村上さんは鼻高々だった。それが瞬間的に分かったから、ガツンと言った。若くして売れっ子になり、ちやほやされていたのだろう。人間生きている時にちやほやされることくらい、要注意なものはない。今すぐ分かってくれなくてもいい。今に分かるさ、という気持ちだった」

男たちの祝宴

神近が尊敬と親しみを込め、「ムッシュー」と呼ぶ男がいる。フランス料理界のリーダー、上柿元勝。一九七四（昭和四十九）年、二十四歳で単身渡仏し、修行。一九八一年に帰国し、神戸ポートピアホテルのフランス料理店「アラン・シャペル」で十年余、グランシェフを務め、名声を得ていた。それが、神近の目に止まった。神近は、オープン前のハウステンボスに上柿元を招き、現場を見せた。

「街には食が不可欠だ。美しい街には美味しい料理が必要だ」

上柿元は、にこりともせず、濃い眉を寄せて、神近の話にじっと耳を傾けていた。質問する時も神近の目をまっすぐに見つめて話す。

「これは、なかなか、しっかりした男だ」

神近はぜひとも、ハウステンボスの料理長に招聘したいと思った。

しかし、上柿元は神戸の顔である。強引な引き抜きとか、喧嘩別れのようなことはさせたくなかった。神近は五年でも十年でも待つ気でいた。ところが上柿元は半年後、アラン・シャペルの仕事をきちんと整理してハウステンボスにやってきた。

オープン当日の朝、神近のデスクの上に一枚のカードが置いてあった。

「だれからだろう」

不審に思いながら開いてみると、こう書いてあった。

「神近社長

私はプロです。ハウステンボスを必ず成功させます。

上柿元勝」

神近は、上柿元をハウステンボス園内の五つのホテルを運営するハウステンボスホテルズの総料理長に据えた。

上柿元は後にこう語っている。

「神近社長の考えに心を動かされ、この地を日本のフランス料理文化の発信地として育てていこうと決心したのです。日本の片隅で仕事をしているという感覚はありません。東京、パリ、ニューヨークにも劣らない仕事をしていると自負しています」

上柿元の料理のモットーは、「自然界への感謝」である。

「私たちは他の生き物の命を奪い、それを糧としているのだから、それに報いる感謝の気持ちを忘れず、素材に失礼のない料理をつくらなければならない」

上柿元は、この思いを、ハウステンボスで神近や池田と触れ合う中で、より一層深めていった。ハウステンボスで、地元の食材をフランス料理に生かして食文化を発信し続けた上柿元。その功績が本場フランスで認められる日が訪れた。二〇〇三年七月、「フランス農事功労章シュヴァリエ」勲章の受章である。フランス政府が、フランスの食文化普及に貢献したと認められる個人に授ける栄えある勲章だった。

しかし、上柿元は、ハウステンボスが当時、会社更生手続き中であることを配慮して、受章を明らかにしなかった。その後、ハウステンボスの新しい支援企業が決まり、正式契約がすんだのを受けて、公表。二〇〇四年四月十三日、フランス総領事による伝達式が行われる運びとなった。

上柿元勝さん

伝達式・祝賀会の会場にはハウステンボス・レンブラントホールが選ばれた。金子原二郎・長崎県知事、光武顕・佐世保市長をはじめ、政財官、芸術、芸能など各界から約二百人がお祝いに駆けつけた。

祝賀パーティーで、友人代表のあいさつに立ったのは、村上龍だった。村上は次のように語った。

「上柿元氏は世界を代表する料理人で、彼がその気になれば、ニューヨークでもパリでもシンガポールでも香港でも北京でも、フランス料理のグランシェフとして働くことができます。もちろん、東京にも上柿元氏を迎えたがっている有名レストランは数えきれません。

でも、佐世保出身者として、私は、できればハウステンボスにいてほしい。ここにお集まりのみなさんも同じ思いでしょう。

その場合、上柿元氏に向かって、お願いだからこれからもずっとハウステンボスにいてください、と涙ながらに言ってもだめだと思うのです。

すべての人が自分の仕事の現場で努力して、上柿元氏は、ここはいいところだからここにいたいなあ、と思えるようなハウステンボスに変えていかなければならないのではないでしょうか。

少なくとも私自身は、上柿元氏がさらにハウステンボスに魅力を感じるように、自分なりに努力するつもりです」

祝宴の人混みの中で、村上は池田の姿を見つけたようだ。ロビーで歓談する池田の前に、ツカツカと歩み寄り、「お久しぶりです」と言って、お辞儀をした。あの「キューバ音楽」事件以来の再会である。

池田は、不意に現れた無精ひげをはやした男が、一瞬、村上だとは分からなかった。が、すぐに思い出し、丁寧に礼を述べた。

「村上さん、あれからずっと、一生懸命、ハウステンボスを応援してくれているね。ありがとう」

意気に感ず・中山素平

ハウステンボス創設者・神近義邦は、「才気煥発」という表現がぴったりの人である。独創性に富んだ経営者であるばかりでなく、絵画も描けば、文章も書く。骨董品の鑑定、囲碁、ゴルフなども趣味の領域を越える腕前。麻雀も天才的でもある。神近と雀卓を囲んだ経験のある池田は、「神近君はつねに僕らの手を読んでいる。僕らがパイを並べる時に映像にして頭に焼き付けているらしい」と舌を巻く。またある時には、気功を使ったハンドパワーで、手を触れずに上柿元勝を吹き飛ばして、驚愕させた。茶目っ気があり、面倒見もいい。

元日本興業銀行頭取中山素平は、「神近君は才人」「既成概念にとらわれない一流の人物」と公言してはばからなかった。

ハウステンボスプロジェクトの推進にあたり、神近は、「企業が街を建設して経営するのは投資効率が悪い。しかし、観光事業と組み合わせることによって何とか打開できるのではないか」と考え、夢の実現へ向けて突進していった。走りながら考えていた、と言っていいだろう。

そんな神近のひたむきな姿が、中山の心を動かしたようだ。人生意気に感ず、である。

中山はかねがね、「リスクを負ってでも日本の未来のために投資するのが興銀の役割」と言って、国家として必要なことは失敗を恐れずに果敢に取り組んできた男であり、前向きにチャレンジして失敗した責任よりも不作為の責任を嫌う人間であった。

中山が財界を動かして、神近の壮大な実験を誠心誠意バックアップする決意を固めた時、胸中にバンカーとしてのソロバン勘定はなかったかもしれない。

中山は、池田とも接点があった。

日本設計を設立のころから応援していた三井不動産の江戸秀雄から、日本興業銀行の系統で日本設計株を持ってほしいと依頼され、最大の株主となったのである。

中山はこの後、池田が手がけた沖縄海洋博のシンボル「亜熱帯植物園」の設計に注目したという。ノンフィクション作家・上之郷利昭氏のインタビューに、中山は次のように答えている。

「海洋博はご存知のように堺屋太一君が企画の中心で、池田君は環境重視の植物園を設計した。ハウステンボスでやったようにコンクリートを使わないで。そういうことを聞いて僕は池田君を非常に大事に考えた。われわれがこれから取り組む問題で一番大きいのは環境問題だ。それを彼は実験したわけです」

（歴史街道二〇〇四年十月号「中山素平氏との一時間」）

このインタビューで、中山はハウステンボスを応援してきた理由について、「地球の温暖化とか、地球の環境問題について真剣に取り組んでいるところにある。池田君が最近やっていた環境会計の問題なんかも重要なこと」と述べている。

二〇〇三年二月二十六日、ハウステンボスは会社更生用の適用を申請。池田はハウステンボス代表取締役会長を辞任した。

「素平さんに力及びませんでしたと謝りに行ったら、逆に僕の方が励まされてしまった」

中山はそれから二年九か月後の二〇〇五年十一月十九日、心不全のため他界した。享年九九。

盟友C・W・ニコル

ハウステンボスの理念に共鳴し、強い味方になった人物は、中山素平のほかにもたくさんいる。長野県信濃町黒姫在住の作家、C・W・ニコルもその一人だ。

ニコルは、環境問題をテーマにした対談やシンポジウムなど、様々な場面で池田と行動を共にし、「多くのリゾートが自然を破壊し、人間以外の生き物が住めない状態にしてきた。ところが、ハウステンボスは、荒れ果てたとんでもない土地を森に変えた。その森は訪れるたびに育っている。すごいことだ。自然を復活させたハウステンボス。社会は、この功績をもっと認めなければならない」と、繰り返し訴えている。ハウステンボス（Huis Ten Bosch）がオランダ語で「森の家」の意味であることを踏まえた応援メッセージである。

英国ウェールズ生まれ。少年時代は、いじめられっ子で学校嫌いだったという。その分、森に入って夢中に遊んだ。森で、人間以外の生き物たちと触れ合う中で、旺盛な好奇心や生きるために必要な判断力を身につけたという。

十七歳でカナダに渡り、カナダ水産調査局技官として海洋哺乳類の研究に従事。その後、エチオピアの国立公園長などを歴任し、一九六二（昭和三十七）年に初来日した。

「北は流氷、南はサンゴ、こんなに自然が豊かで変化に富んだ国はない」と惚れ込み、長野に移住。一九九五年、日本国籍を取得した。東日本大震災後、新聞に掲載された一文は、まるで池田が書いた文章のようだ。それほどまでにナチュラリストとしての二人の思想は合致している。まさに盟友である。

技術を過信してはいけません。自然を侮るのも禁物です。人は、自然と共に生かされる。醜いコンクリート護岸、石油タンク群――日本人は海に背を向けて経済成長に突っ走り、気付けばみんなが疲れている。私の愛する日本は、例えば天皇、皇后両陛下が避難所を回って被災者に言葉をおかけになるような、癒しと安らぎの国なんです。

巨大な防波堤を造っても自然の力は再び想定を超えるかもしれません。東京の無駄な電力消費もばかばかしい。それより、美しい国土の再現を目指す好機だと思うのです……

（二〇一一年四月十九日付「毎日新聞」夕刊）

ニコルと池田の出会いのきっかけは帆船「観光丸」である。

全長六十・八メートル、全幅十四・五メートル。三本マストで、メーンマストの高さは三十二メートル。江戸末期、日本初の洋式軍艦（木造蒸気船）として大海原を駆け巡った。艦名の「観光」

長崎港に入港する「観光丸」（読売新聞社提供）

は、観光旅行の「観光」ではない。易経の一節「国の光を観る」に由来する。幕末、軍艦は国威の象徴であり、艦名から幕府の威信を国内外に示す強い決意がうかがえる。

もとはオランダ船だった。一八五〇年に建造され、オランダ海軍に就役。オランダ領だったインドネシアで警備艦として活躍した。

一八五五（安政二）年、幕府が長崎に海軍伝習所を開校した際、鎖国時代から幕府と付き合いのあるオランダが、将軍徳川家定にこの艦を献呈した。航海術や砲術の訓練はオランダ人教授によって行われ、訓練生の中に若きの日の勝海舟や榎本武揚がいた。この後、勝が主宰する神戸海軍塾でも、坂本龍馬ら多くの志士たちを育てた。

復元計画は、プリンス・ウィレムが長崎オランダ村に到着した日にスタートした。

プリンス・ウィレム公開祝賀会の席上、設計家デ・フロートが観光丸の設計図を、大きな額に入れて神近にプレゼントした。「プリンス・ウィレムの来航で長崎オランダ村のシンボルはできた。しかし、大村湾のクルーズ船としては使えない。海の上を走れる帆船がほしい」と、考えていた神近は、この図面をもとに観光丸の復元を、と即座に依頼したのだった。

オランダの造船所で約一年かけ、当時と同じ材料を使用し、船体やキャビンの彫刻も忠実に再現した。建造費十二億円。

一九八八年一月、艤装を終え、自力航行して波濤二万キロを越えて、日本にやって来ることになった。テレビのスペシャル番組のカメラマンも乗り組むことになった。神近は「ニコルさんも乗せよう」と提案した。「海―帆船―ニコルさん。この取り合わせでPR効果抜群と考えたのでしょう」と池田。池田は、この航海計画の打ち合わせのため、長崎オランダ村で、初めてニコルと会ったのである。

以後、ニコルは池田を、「兄貴、兄貴」と慕うようになった。池田の思想に傾倒したからにほかならないが、それだけではない。

二人には、父親がともに海軍軍人、という共通点があった。武邦の父は日本海軍、ニコルの父は英国海軍。かつて両国は同盟を結び、蜜月関係にあった。日露戦争・日本海海戦で活躍した旗艦「三笠」も英国ビッカース造船所でつくられたものだ。その後、同盟は解消され、敵対する。父親同士は知らぬ仲。息子たちが盟友になろうとは、夢想もしなかっただろう。

海へのあこがれ、自然への関心……。ニコルもまた、池田と同様、父親に計り知れない影響を受けて大人になった。ニコルの実父は太平洋戦争で不帰の人となり、母はニコルが十歳の時に再婚した。養父になった男が、大英帝国海軍の軍人だった。ニコル少年は、養父が話して聞かせる航海中の物語に胸を躍らせ、世界各地の土産を宝物にした。養父は、ニコルのヒーローだった。ニコルは、元海軍士官の池田に、養父の持っていた「海のジェントルマン」の気風を感じたのかもしれない。

ニコルは池田に会うたびに、日本海軍や海軍兵学校について根ほり葉ほり質問した。そうした取材をもとに書かれたのが、日英同盟時代の海軍を舞台にした小説『盟約』だ。続編の『遭敵海域』には、第一次世界大戦で、日本の艦隊が地中海に派遣されるという話が出てくる。

「ニコルは私の父の戦地だったマルタ島にも足を運んだようです。ゲラのチェックをずいぶんとやりましたよ」と池田は振り返る。

『盟約』の巻末で、ニコルは謝辞を述べている。「帝国海軍出身の池田武邦氏は、これが小説であること、作中登場するのが著者の創作した架空の人物であることを理解された上で、由々しいミスがないか、草稿に目を通してくれた」。『遭敵海域』には、「建築家で文章家であり、また環境問題にも並々ならぬ情熱を傾ける池田武邦氏には、原稿を読んで間違いの指摘と助言を賜り、わがかねての願いである良き兄貴分をつとめていただいた」と記している。

二人で旅行にも出かけることもしばしばだ。

「欧州を旅した時、ニコルに連れられて見学したロンドンの博物館は印象深かった」と池田。それは、巡洋艦をテムズ川に係留し、まるごと博物館として保存、公開したものだった。

巡洋艦の名は「ベルファスト」。日本の重巡洋艦「最上」や米海軍の「ブルックリン」と同一基準（ロンドン条約に基づく「乙巡」）で建造された艦である。第二次世界大戦では、ドイツ巡洋戦艦を撃沈。第二次大戦では、ノルマンディー上陸作戦に参加。その後、朝鮮戦争にも出撃している。一九六三年、退役。一九七一年、「帝国戦争博物館」として第二の人生をスタートさせた。

「すごいなあ」。池田はうなった。

艦内には、「最上」の写真も飾られ、最優秀の艦と紹介されていた。

「こんなところで、日本の軍艦に会えるとは思わなかった」

池田はこの時、日本と英国の歴史を大切にする姿勢の違いを改めて知ったという。

「地球の西と東の端の同じ島国で、こうも違うとは」

死力を尽くして戦った敵の軍艦の甲板を、ニコルと仲良く肩を並べて歩く池田。その靴音を、泉下の父君は、どんな思いで聴いただろうか。

長崎オランダ村、その後……

二〇一一年五月二十三日、長崎オランダ村は新たな一歩を踏み出した。西海市が長い間、閉鎖していた風車地区を開放し、街を散策できるようにしたのだ。市の担当者に電話で聞いたところ、

「イベント時には、シンボルの風車も回したいと考えている」という。神近が発案した、あの風車が再び回り出すと思うと、感慨ひとしおである。

一九八三（昭和五十八）年に開業したオランダ村は、テーマパークのさきがけだった。九州観光の目玉施設として燦然と光を放ち、来園者は総計約千五百五十万人。一人ひとりの胸に、一つひとつ違った、美しい旅の思い出を刻んだ。ハウステンボスの経営悪化に伴って二〇〇一年十月、閉園に至ったが、多くのファンに惜しまれながらの消灯だった。

二〇〇三年、旧西彼町（現西海市）が土地建物を一億九千万円で購入。民間企業に貸し出して、調理師学校、飲食店など食をテーマにした複合施設として再生を目指したが、わずか半年で頓挫した。

その後、二〇一〇年、西海市が敷地内の一角に市総合庁舎を開設すると、利用者から往時を懐かしむ声があがった。「園内を自由に歩きたい」「写真を撮りたい」。市は地域活性化のために風車地区の開放を決めたのだった。

ところで、風車に続いて、神近が長崎オランダ村のシンボルとして建造にこだわった木造帆船「プリンス・ウィレム」号は、その後、どうなったのであろうか。

「プリンス・ウィレム」は二〇〇三年十月二十一日、長崎オランダ村からオランダへ向けて出航した。経営再建中のハウステンボス管財人団が債務弁済に充てるためオランダの会社に売却することを決めたのだ。売却先はオランダのデン・ヘルダー市にあるテーマパーク。価格は約百万ユーロ

オランダに向け出航する「プリンス・ウィレム」（読売新聞社提供）

（約一億三千万円）。建造費の約十分の一の破格値だった。

長年親しまれてきた帆船の帰郷とあって、桟橋には四百人もの市民やゆかりの人たちが集まった。タグボートに引かれて大村湾のかなたに消えていく船を万感の思いで見つめる人たち。地元の園児たちは、日の丸とオランダ国旗の小旗を振って見送った。

村山一正西彼町長が別れの言葉を述べた。

「二十年間、町民に夢を与えてくれた。世界文化遺産にもなれる価値がある船だ。母国に帰り、日本とオランダの友好の証しとして語り継がれることを願う」

プリンス・ウィレムはこの日、大村湾を横切って東彼杵町の彼杵港に入港。高さ四十五メートルの西海橋に接触しないようマストを取り外し、台船に載せられて、オランダに向かった。

「それにしても数奇な運命の船だったなあ」

池田は感慨深げに言い、「よかった。よかった」と笑顔を見せた。

「船には定期的なメンテナンスが必要だ。このまま放置していたら老朽化して使い物にならなくなる。オランダには木造船の技術者がたくさんいるので安心だよ」

残念なことに、プリンス・ウィレムは二〇〇九年七月三十日、オランダ北部デンヘルダーの母港で、停泊中に出火し、焼失した。人気観光スポットとして第二の人生を送っていた。二〇一一年現在、復元のめどは立っていない。

ハウステンボスとニコルをつないだ「観光丸」のその後についても記しておこう。

観光丸は、長崎オランダ村の閉園、ハウステンボスの会社更生法適用申請後も、ハウステンボスの大切な資産として残った。そして今なお、クルーズ船として波静かな大村湾に帆を広げている。

二〇〇七年には、経済産業省の近代化産業遺産に認定され、二〇一〇年には、NHK大河ドラマ「龍馬伝」の撮影に使用され、主演の福山雅治さんらが参加して大村湾で船上ロケも行われた。

風車、観光丸、長崎オランダ村、ハウステンボス……。経済的に、物質的に、いかに破壊されようとも、本当に価値のあるものは、確実に残る。価値あるものは今も昔も、不変である。

ディズニーランドを否定する

「米ディズニー　支援に関心」、「数回視察、施設を評価」ハウステンボスの会社更生法適用申請から一か月足らずの二〇〇三年三月二十日、読売新聞の一面にこんな見出しが踊った。

ハウステンボスの再建に、米ウォルト・ディズニー社が関心を示しているというスクープ記事だった。事実、ディズニー社は、「二・二六」（会社更生法適用申請日の二月二十六日）を挟んで五回にわたって調査団を派遣、延べ三十人を秘密裏に園内のホテルヨーロッパ、デンハーグ、フォレストヴィラに分散宿泊させていた。調査団は、紹介ビデオを購入するなど資料を収集し、園内の写真をくまなく撮影し、持ち帰った。

記事が出た日、ハウステンボスは朝から大騒ぎになり、管財人の桃尾重明弁護士は、情報管理徹底のため対策会議を開いた。ハウステンボスの再建への申し出は、ディズニーのほかにも数社あったからだ。そもそも、支援企業（スポンサー）探しは、水面下で隠密に進めるべき問題であった。マスコミに攪乱されると、まとまる話もまとまらなくなるからだ。

ともあれ、こうした動きは、市民だけでなく、世界中の企業が、ハウステンボスの価値に注目していた証左であった。

新聞報道には、市民も欣喜雀躍した。

「佐世保にミッキーマウスがやって来るらしい」、「本当？　すごーい」、「新聞が書いているんだから間違いない」、「佐世保にも明るい未来が開けてきたなー」。

地元自治体にも期待感が高まった。国内でも、東京ディズニーランドがテーマパーク唯一の勝ち組として独走しており、ホテルや商業施設の運営にもノウハウを持っているのが心強かった。

そんな中でひとり、池田は、口を「へ」の字に結んでいた。

記事掲載の翌三月二十一日、邦久庵を訪ねた。池田は、いつものように海を見ていた。

「ハウステンボスのスポンサーがどこになるのか気になりますね」と恐る恐る問うと、池田は顔をしかめた。

「ディズニーはだめだっ」

池田は、ディズニー社がハウステンボスを調べているのを知っていた。調査結果次第では、支援企業として名乗りを上げる可能性もあるとみていた。しかし、ディズニー社がハウステンボスの運営をするのには反対だった。

「池一つつくるにしても、水を染料で青く見せるようなやり方をする会社は絶対にだめなんだ」

池田から見れば、ディズニーランドは「張りぼて」に過ぎなかった。

ディズニーのほかに、「ハゲタカ」と呼ばれていた外資系ファンド会社がハウステンボスを買い叩くといううわさもあった。

「外資が入る可能性もあるのでしょうか」

「分からん。（みずほ）銀行の連中が秘密にいろいろ進めているからね。僕はただ、自然との共生という理念を守ってくれたら、どこがスポンサーでもいい。かぎを握っているのは、会社じゃない。市民だ。市民の意識が会社の方向性を決めるんだ」

池田の憮然とした表情は、そう長くは続かなかった。ディズニー騒ぎが一か月余りで立ち消えと

ハウステンボスを散策するヤーコプス駐日オランダ大使（右）とヤン・デフリース総領事

なったからだ。東京ディズニーランドを運営するオリエンタルランド社（千葉県浦安市）は連休明けの五月七日、管財人に対し、正式に支援見送りを伝えてきた。

この直後、駐日オランダ大使、エヒベルト・フレデリック・ヤーコプスがハウステンボスを激励に訪れた。大使は、場内のレンブラントホールで、各職場から集まった社員約百五十人を前に言った。

「現在置かれている状況から抜け出すために、元気を出してガンバッテクダサイ」

割れんばかりの拍手と花束贈呈。ホテル案内係の小河原美香が社員を代表して御礼を述べた。

「再生へ向け新しいスタートを切りましたが、エコロジーとエコノミーの両立という基本理念は変わりません。これからも地球に優しい循環型の街づくりに励みます」

高々と掲げられたハウステンボスの理念は、会社という組織が壊れても、社員の心の中に深く根付いていた。

大使は、この後、ヤン・デフリース在大阪・神戸オランダ総領事を伴って、園内を散策した。木もれ陽の中、石畳の道を歩きながら、大使は、しみじみと言った。

「ここに来るのは四度目。何度訪れても素晴らしさは変わらない。オランダとの関係を切り離し、ひとりの人間として見ても、美しい自然の中で安らぎを感じさせるパークだ」

パレスハウステンボスの石段の前まで来た。筆者は、大使に聞いた。

「新しいスポンサー選びが進んでいますが、どういう企業を希望されますか」

大使は、きっぱりと言った。

「ハウステンボスが守ってきた質の高さ、これを崩さないことが何より大切です」

そして、笑顔で付け加えた。

「ハウステンボスはディズニーランドになってはいけない」

不毛の埋立地を豊かな森に蘇らせたハウステンボスと、海苔や貝を採る舟が行き交う遠浅の海を埋め立てて建設した東京ディズニーランド。自然の回復と破壊。両社のコンセプトの違い明らかである。

その後、ハウステンボスの緑は年月を重ねるほどに濃くなり、棲息する生き物たちの種類も増加の一途である。一方、東京ディズニーランドが二〇一一年三月十一日の東日本大震災で、液状化により無残な姿をさらしたことは記憶に新しい。

文明VS文化

池田がハウステンボスの代表取締役会長に就任した翌年、二〇〇一年九月十一日、米同時テロが起きた。二十一世紀の開幕直後に起きた大事件。現場は、物質文明の頂点に立つ街・ニューヨークの摩天楼。そこに物質文明のパワーを象徴するジェット旅客機が激突し、何千もの命が奪われた。

池田は、物質文明を「遠心力」、伝統文化を「求心力」にたとえて、次のように説明する。

「ロープの先におもりをつけて振り回すと、遠心力と求心力が作用する。今は、その遠心力がものすごく大きくなった状態。求心力は弱く、おもりはどこに飛んでいくか分からない。これと同じ構図で、物質文明がイスラム世界にどんどん入って来て、地域の文化を蹂躙していった。その結果、貿易センタービルの惨事が引き起こされた」

文明と文化――この違いについて、池田は、「日本語でははっきりした区別がなく、曖昧に使われているが、実は対極にある」と言う。

「文化はその土地に根付いて生まれてくるもので、世界中でその地域にしかない。たとえば、フランス文化が優れているからといって、日本に持ってきて真似をしてもナンセンス。アイヌの文化、沖縄の文化、アフリカの文化など、お互い理解し尊敬することはあっても、優劣の差はない。これに対し、文明は科学の法則に基づいているので普遍性があり、パワー、スピードの差、優劣がはっきりしている」

物質文明が急速に拡大し、強大なパワーを持つようになったのは、産業革命以後だ。文明の恩恵を被った国は豊かさと便利さを獲得して「勝ち組」となり、文明から取り残された国は「負け組」となった。いわゆる南北格差である。

日本も江戸時代までは近代化とはほとんど縁がなかった。人々は固有の文化をベースにした生活をしていた。しかし、優れた技術文明を持っている西欧諸国が、アジアやアフリカをどんどん征服していくのを目の当たりにして、「うかうかしていると、日本も植民地化されてしまう」という危機感を抱き、明治維新を断行する。

明治新政府は急速な近代化を進めた。

まずは、教育。小学校から大学までの教育体制を全国に敷いて、近代技術文明の合理主義を徹底的に教えた。池田も小学生の時から、「進歩、発展していくことは良いことだ。世のため、人のために尽くそうと思ったら、勉強して近代技術文明を発展させよ」と教育されてきたという。

戦後、東京帝国大学第一工学部建築学科で学んだ時も、日本古来の建築のことなど一切触れず、いきなり欧米の建築を教えられた。

「茅葺きは何十年かたつと葺き替える。葺き替えたわらは堆肥になる。完全に循環している。伝統的な文化というのは何も無駄にならず、最後は土に戻る。なんてことは一言も教わらなかった」

池田は痛恨を込めて言う。

「進歩、発展とはパワーを獲得すること。相手よりもパワーを強くしたい。これを推し進めたのが戦争。相手よりもパワーを持つために採算を度外視した研究開発をやり、原子爆弾までつくってしまった。未来の歴史家たちは二十世紀という時代について、なんと異常な世紀だったかと振り返ることになるだろう」

科学技術が凶器と化す

池田は、フランスの哲学者デカルトの言葉に、近代合理主義の本質が現れている、と指摘する。

「我思う故に我あり」という有名な言葉である。

「人間は考える。ゆえに尊厳がある。犬猫牛馬だって実はよく考えているのに、人間以外のものは考えないと決めつけている。人間以外は物。樹木も自然も動物も単なる物。こうした人間至上主義がデカルトの哲学なのです」

近代合理主義は、古いしきたりにとらわれた中世ヨーロッパにおいて、人間を解放した。分かりやすい例は、魔女狩りの追放だ。

中世ヨーロッパの宗教界では、カトリックが絶対の権力を持っていた。「あの女は魔女だ」とささやかれると、魔女裁判にかけられる。本人がいくら否定しても、魔女だと決めつけ、人間性のかけらもない裁判によって、多くの女性が犠牲になった。こういう暗黒時代から人間を解放したのがデカルトだった。

「人間には尊厳がある。公正な裁判を受ける権利がある。裁判官は合理的に罪を追及し、判定する。合理的で明るい社会。近代はすばらしい。近代合理主義こそ正義という考えになっていったのです」

日本と西欧諸国の間でいまだにギャップがあるのが、「脳死と臓器移植」の問題だろう。

デカルトの哲学では、考えることがなくなった人間は物になる。脳死した物体から部品である心臓を取り出して移植するのに何の抵抗もない。ところが日本の文化では、どんな悪党でも死んだら仏様になる。脳死といわれても、まだ動いている心臓を取り出すことには抵抗を感じてしまうのだ。

近代合理主義の考えによって科学技術文明（物質文明）は大いに発展した。山を削ってトンネルを掘り、山を崩して海を埋立て、都市を建設した。超高層ビルを建て、ジェット機を飛ばし、原子爆弾までつくった。脳死移植もやる。

池田は言う。

「近代技術文明そのものは人間の英知がつくり出した、すばらしいものです。日本の戦後復興にも役に立った。ただ、復興した後もそれを続けていることが問題なのです」

池田の指摘通り、近代文明が「欲望」を原動力とするならば、いずれは破滅に向かうことを肝に銘じておかねばならない。欲望の終着駅は、「破滅」と決まっているからだ。こういう文明には早いところピリオドを打ち、決別したほうがよい。

二〇一一年三月十一日、東日本を襲った巨大地震・津波は、科学技術大国・日本に自然の威力を改めて思い知らせた。大津波は、英知を集めたスーパー堤防でも防げなかった。

自然は、人間が抵抗すればするほど、倍加する力でしっぺ返しをする。科学技術文明が、豊かさ、便利さを実現していく一方で、複雑化・専門化しすぎて予測不可能なリスクを抱え込むことも忘れてはならない。

最先端技術の集積である原子力発電所がよい例だ。地震・津波に付随して起きた原発事故は、人類が手に負えないものをつくって、自ら苦しんでいるようにも映る。

三・一一災厄により、私たちは、扱う人間の真心に深い信仰心がなければ、科学技術がまったくの凶器となってしまうことを痛感した。

今こそ思い出そうではないか。私たちの先祖が、自然の奥にある謎とうまく付き合う方法を解明して、それを礼として整え、形にし、語り継いできたものを。池田の言う「自然に対する作法」を。

共同体の崩壊

「ところで、みなさんは切腹する覚悟ができていますか」

池田は、海上自衛隊の青年士官たちに聞いた。士官たちは目を丸くした。佐世保基地に配備されていたイージス護衛艦「こんごう」に、幹部訓育の講師として招かれた時のことである。士官たちは、そんなことは考えたこともない、という顔だった。

池田は、イージス護衛艦「あたご」が漁船と衝突事故を起こしたことに触れ、こう言った。

「僕らの時代だったら、艦長は切腹しただろう」

海軍ではよく、「板子一枚下地獄」と言った。見張りを怠り、ボヤボヤしていると全員が命を失う羽目に陥る。戦闘が始まり、砲弾や魚雷が命中すれば、艦もろとも一巻の終わりである。軍艦は機械の塊であると同時に運命共同体でもあった。

そんな中で生きてきた池田たちと現代人とでは、責任の取り方や、同胞への思いやりの深さが根本的に違うように思える。

敗戦直前、特攻隊員を養成する大竹潜水学校教官をしていたころ、池田は近所の子供たちを見て憂鬱になったという。

「無心で遊ぶこの子らの将来は一体どうなるのか」

その思いは今も変わっていない。あのころと同じ気持ちで、近所の子供たちを見ている。

「この子たちが大人になった時、どんな環境になっているのか心配だ。食べ物は化学物質にやられているし……」

池田は今も、子供たちの未来を真剣に案じている。

「戦時中、僕らは自分が死んでしまうことを前提にものを考えていた。死後、一世紀、二世紀先を考えて行動していた。明治維新を成し遂げた先人たちも、同じ気持ちだったと思う。決して自分たちのためにやったわけではない」

池田と同じ海兵出身の黒沢丈夫・群馬県上野村長（海兵六十三期）は、日航ジャンボ機の墜落事故に際し、御巣鷹山で陣頭指揮をとり、炊き出しなどの後方支援を行った。松下幸之助は日本の将来を憂い、八十五歳の時に私財を投じて松下政経塾をつくった。このように、世のため人のため子孫のため、自分の死んだ後の人のために行動できる人は少なくなった。

「日本という運命共同体が崩壊したのです」

池田は指摘する。

「戦後、日本という共同体は、その共同体のために犠牲となった人々に向き合い、弔うという、あらゆる民族がごく自然に行ってきた人としての作法をないがしろにしたまま今日に至っている」

矢折れ、力尽きての歴史的敗北に、一時的に混乱し、本来の姿を見失うことがあったとしても、それは仕方ないだろう。しかし、戦後六十余年を経てなお、共同体のために命を捧げた死者たちの声に耳を傾けず、置き去りにしたままなのはどうしたことか。平和を享受しながら、その礎となった人々の行為は他人事なのだ。

近代以前の日本には、今日のような個人主義の発想はなかった。一つの村落の構成員すべてが、村の守り神のもと、共同体の一員とされ、お互いに助け合って生きてきた。各人が自分にできることを精一杯やり、世間の一隅を照らし、名利を求めず、そのまま死んでいった。そうした小さな者たちが集まって国を支えてきた。それが日本人だった。

池田は憂いをこめて言う。

「今のような状態が続く限り、自らの文化に誇りをもった未来を創造することも、国際社会で真の信頼を得ることも不可能だろう」

海に聞け

池田が「吹雪の夜」を体験し、自らの建築哲学、価値観を転換して、四十年近くが経過した。自然生態系の回復の理念を体現したハウステンボスがオープンして、二十年の歳月が流れている。

だが、日本企業の多くは、依然、目先の利で動いている。人々も、自らの人生設計を、自分が生きる一世代の時間で立てる習慣から脱け出せていない。

地球規模の環境変化は一世代という短い時間の中では起こらない。そのために、自然破壊にはなかなか歯止めがきかず、温暖化防止の取り組みも進まない。

破壊行為は自然環境だけでなく、伝統や文化の領域にまで及んでいる。

「このままだと、戦争と同様、行き着くところまで行くだろう。破壊し尽くすまで……」

池田が心配するのも無理はない。

池田の愛する海。そこには、地球が数十億年を費やして創り上げた秩序があり、様々な要素が互いに作用しながら均衡している。海岸の砂を大量に取ると、海は傷を癒やそうとするように、砂を

「邦久庵」の裏の海岸に立つ池田さん

運んで埋めるという一種の自浄作用をする。それゆえ、あったはずの砂浜が忽然と消えたり、新しい砂浜が出現したりする。海はこうして、悠々と秩序を維持している。

私たちが海に対して生理的な恐怖感を抱くのは、この巨大さ、偉大さゆえではなかろうか。

海ばかりではない。地球上に棲息するあらゆる生命体の体内には、秩序を保とうとするプログラムが組み込まれている。人体もまた、異物の混入を防ぎ、傷や病を自然に治癒させることで生命を維持している。海と同じである。人間も宇宙の一部であり、人体そのものも宇宙、なのである。

立花隆は著書『21世紀　知の挑戦』で、「分子生物学の進歩によって、生命活動はすべて遺伝子によって行われている。生命現象イコール遺伝現象であることが判明した」と述べている。その遺伝子解析から得られた知識のうち最も重要なものが「現生生物はみなミトコンドリアを細胞内小器官として持っている」点だと指摘している。つまり、現在、地球上に存在する生物はみな、同一のスーパーファミリーだというのだ。

人間はあらゆる生物の中で特別なものではなく、同じ地球ファミリーのワン・オブ・ゼムにすぎない。これは、西欧文明圏の人にとって、基本的な人間観、生物観、世界観に修正を迫る衝撃的な事実の発見である。人間と人間以外の生物を厳しく区別している世界観を根底から覆すからだ。

しかし、私たち日本人にとっては、人間も多くの生物の一員であることは当たり前の真理の確認に過ぎない。日本人は長い間、自然の摂理に従い、自然と共に生きてきた。人間も自然の一部という考えは、決して驚きではない。

ただ、太平洋戦争の敗戦によって、一時的に自信を喪失し、そうした大切な思想を無視してきた点は否めない。

戦後、私たちは自然と共生をやめ、「経済復興」の名の下に工業化の道をひた走り、繁栄を築いた。しかし、それは、目先の利益だけを追った「見せかけの繁栄」だった。筆者はそう思う。繁栄と引き換えに、子々孫々へと残すべき国土を汚し、貴重な知恵や、伝統・文化を失ってしまったからだ。

今もし、地球上のあらゆる民族が日本人並みの生活をするようになったら、地球の持つ資源は一瞬にして枯渇するだろう。日本を含む先進国の繁栄は、多くの開発途上国の近代化を妨げることなくしてありえない。同じ地球上で、一方が飢えていないと、一方の幸福はない。恐るべき矛盾である。これが「見せかけの繁栄」でなくして何というのだ。

数学者藤原正彦は言う。

「能率・効率は素晴らしいかも知れません。しかし各国、各民族、各地方に生まれ美しく花開いた文化や伝統や情緒などは、そんな能率・効率よりも遥かに価値が高い」と。

同感である。

人間という生き物は、その土地の気候風土に根付いた物を食べ、自然の中に身を置くことによってはじめて、精神的健全性を保つものではなかろうか。

私たちは、自然と共生し、多くの民族、多くの文化が共存できる社会を建設しなければならない。

ハウステンボスの品格

文化は手間がかかるが、人の心を培う。文明は楽で便利だけれども、人の心を蝕む。

池田は超高層ビルで仕事をしていて、外の雪に気づかなかった。同じように私たちも、便利を追求するあまり、自然から遠ざかった生活をするようになった。

「新幹線は、雨が降ると渡れなかった川を、いつ渡ったのかも気づかずに通過する。昔の人が肌で感じていた自然の恵みを、まったく実感できなくなった」と池田。確かに新幹線は早く目的地に着くという点では優れている。だが、人間にとって大事なものを置き去りにしている。

「いま、月齢いくつか分かりますか?」

不意に池田に質問され、筆者は口をモゴモゴさせるしかなかった。

もっと早く行きたい。もっとパワーが大きい物をつくりたい。文明のエネルギー源は、こうした人間の欲望である。

抑止力となりうるものは、「文化しかない」と池田は明言する。

「江戸のまちづくり」の思想で建設されたハウステンボスは、この文化による抑制が見事に効いている。

まず、水。

ハウステンボスの前面に広がる大村湾は琵琶湖よりも一回り小さい閉鎖海域だ。水が完全に入れ替わるのに百年かかるという。街の生活排水をそのまま流すと、ふつうの海の十倍の汚染が発生する。だから、一滴も流さない工夫をした。普通の浄化装置を通した後、ウルトラフィルターという装置を通して高度処理をしている。無色透明、無臭で、飲んでも害はない。その水を「中水」としてトイレや冷房、植栽の散水に使っている。

「ハウステンボスはちょうどモナコ公国と同じくらいの大きさですが、生活排水を一滴も流さないことを街のスケールでやっているのは世界でハウステンボスしかありません」。池田は胸を張る。

運河の水は大村湾の干満の潮位差を利用して入れ替え、要所要所に水中ポンプを置いて循環させ、澱まないように管理している。一方で、雨水は全部、土壌浸透させている。煉瓦や石畳の隙間から地下へ。

「アスファルトだと、バクテリアが死にますが、土に浸透させればバクテリアが生きていますから、浄化されてから運河に入ります」

こうした徹底した管理により、ハウステンボスから大村湾に戻される海水は、大村湾の海水より、水質が良いという。

次に、音。

「江戸の町には音に対する作法がありましたが、近代都市はいたるところでスピーカーが鳴りっぱなしで音に対してあまりに不作法。そこで、風向きによって音がいかに伝搬するか、向きによって建物の配置を考えてどのくらいの音のレベルにすれば周辺に害がないかを調べ、町のにぎわいは出すけれども、その音が周りに影響しないよう建物で遮蔽しました」

電気的な音は、緊急事態の時以外は発しない。耳を澄ませば、潮騒と、鳥のさえずりや虫の声が聞こえる。

そして、光。

街のどこからでも月や星の明りが見えるよう、場内の照度を江戸の町のレベルに保つようにした。電柱は一本も立っていない。

「光ファイバーなどマルチメディア基地としての機能は全部地下に入れました。ハウステンボスはインテリジェントシティでもあるのですが、こうした近代文明はすべて目に見えない隠し味にしてあるのです」

日本文化の粋である「自然に対する作法」を守りつつ、近代技術文明のパワーも巧みに利用する。これぞ池田の慧眼、ハウステンボスの底力である。

新時代への道標

一九四五（昭和二十）年四月、池田は、「一〇〇％生きて帰ることはない」と覚悟を決め、巡洋艦「矢矧」に乗艦して、戦艦「大和」とともに沖縄海上特攻に出撃する。矢矧は轟沈、池田は海に投げ出されるが、五時間の漂流の後、奇跡的に生還する。その時、帰港した佐世保の桜と山の緑を見て口をついて出た言葉は、「国破れて山河あり、か」だった。

国破れて山河あり
城春にして草木深し

杜甫の五言律詩「春望」の冒頭部分である。歌人・執行草舟は、詩論集『友よ』（二〇一〇年十二月、講談社刊）で、この詩を次のように読み解いている。

国など破れればよい。美しい山も川も故郷も、ある。国が破れればこそ、それらが見えてくるのだ。国が破れなければ、人間には本当の山も川も見えない。最も大切なものがわからない。

筆者は、この詩の、国、山河、城をそれぞれ、国＝ハウステンボス株式会社、山河＝大村湾の自然、城＝（空間としての）ハウステンボスと読み替えて解釈してみた。

〈ハウステンボスという会社はつぶれてしまったが、ハウステンボスが守ろうとした大村湾の自然は残った。ハウステンボスの森は緑濃く、街もいつの日か賑わいを取り戻すであろう〉

筆者は思う。会社や組織など人間がつくったものは、いくら破れてもよい、破れて初めて、本当に大切なものの美しさが際立って見えてくるに違いない、と。

尊重すべきは、日本人の精神文化だ。私たちの先祖は、自然をかけがえのないものとしてとらえ、生き物を大切にし、あるがままの美しい自然を保ってきた。山川草木に「神」が宿ると信じ、良心に従い、支え合い、だれもが楽しく愉快に暮らすことを喜んできた。

江戸時代はこうした日本文化が頂点を極めた時代だったといえるだろう。

ハウステンボスは、その一種の理想郷であった「江戸」をコンセプトとして建設された。こうした精神文化を破壊できるものなどない。杜甫の詩にあるように、物質的にいかに破壊されようとも、大切なものは厳然として「ある」のだ。

大切なものは、ハウステンボスに、全部、ある。

邦久庵にも、全部、ある。

2011年11月にお目見えした観覧車からの眺め。後方に広がるのが大村湾

日本精神は死なない。そう信ずる。

そこで、筆者は「春望」をさらに進めてこう読みたい。

〈戦争に負け、物質文明に侵略されても、日本の自然と、自然と深く結びついた日本精神は滅びてはいない。

日本という運命共同体は大きく傷ついたが、まだまだ死んではいない。

見よ、ハウステンボスを。

日本列島の西端の、緑豊かな街を。

荒れ果てた国土がよみがえり、春が巡ってきたではないか〉

二〇一一年三月十一日、巨大地震・津波に伴う原発事故によって、私たちは先祖から受け継いだ大切な国土の一部を失った。私たちはこの事実を重く受け止めなければならない。

原発事故について池田は、「人間の欲を追求した結果、文明が突っ走ってしまった」と慨嘆する。

これを機に、自然を支配して富を得ようなどという傲慢な考えは捨て、人間と自然との関係を根本から見直したほうがよいと思う。日本には、エネルギー源は無限にある。太陽があり、風があり、地熱があり、海があり、潮の干満がある。こうした大自然の恵みを活用していく技術に投資を集中投下し、上質で気品ある文化国家を建設しようではないか。

問題を先送りしたままの、「今がよければ」式の享楽的な平和はもう終わりにしよう。今こそ、ハウステンボスの実験を生かす時だ。進もう、ピリオドの向こうへ。ハウステンボスを道しるべとして。

※登場人物の肩書きは当時のままとし、敬称は略させていただきました。

池田武邦関連略年表

＊「経歴」のゴシック体は、長崎オランダ村およびハウステンボス関連事項

西暦	年齢	出来事	経歴（就任時）	主な建築作品
1923年（大正12年）		関東大震災		
1924年	0歳		1月14日、避難先の静岡で誕生。一歳のころ佐世保、二歳のころ藤沢へ	
1929年（昭和4年）	5歳	世界恐慌始まる		
1930年	6歳	ロンドン軍縮会議	藤沢小入学	
1931年	7歳	満州事変		
1932年	8歳	5・15事件、満州国建国宣言		
1933年	9歳	日本、国際連盟を脱退		
1935年	11歳		湘南中入学	
1936年	12歳	2・26事件、スペイン内乱		
1937年	13歳	日中戦争始まる		
1938年	14歳	国家総動員法公布		
1939年	15歳	第二次世界大戦勃発		

1940年	16歳	日独伊三国同盟締結	海軍兵学校入学
1941年	17歳	太平洋戦争始まる、独ソ開戦	
1942年	18歳	ミッドウェー海戦	
1943年	19歳	イタリア降伏	9月、兵学校卒業。海軍少尉候補生、矢矧艤装委員として佐世保へ 12月、矢矧航海士を拝命、南方進出
1944年	20歳	連合国、ノルマンディー上陸	4月、海軍少尉 6月、矢矧航海士としてマリアナ沖海戦へ出撃 9月、海軍中尉 10月、矢矧航海士としてレイテ沖海戦へ出撃
1945年（昭和20年）	21歳	終戦	4月、矢矧測的長として沖縄海上特攻へ出撃 5月、大竹海軍潜水学校教官 6月、海軍大尉 10月、矢矧の姉妹艦酒匂に乗り組み、復員業務
1946年	22歳		2月、酒匂、米軍に接収 3月、復員官を退官 4月、東京帝国大学第一工学部建築学科入学

1949年	25歳	中華人民共和国成立	3月、東京帝国大学卒業 4月、山下寿郎設計事務所入社	
1950年	26歳	朝鮮戦争		
1952年	28歳			日本興業銀行本店
1953年	29歳		中条久子と結婚	
1954年	30歳	ビキニ水爆実験、第五福竜丸事件		富山市庁舎、福島県庁舎、高井戸幼稚園
1960年	36歳	日米安保条約発効		和田山団地公団住宅
1965年	41歳	ベトナム戦争	山下寿郎設計事務所取締役就任	岩手県庁舎
1967年	43歳		日本設計事務所創立、取締役就任	
1968年	44歳	小笠原返還		NHK放送センター
1969年	45歳	人類月を歩く（アポロ11号）		霞ヶ関ビル
1970年	46歳			三井記念病院
1972年	48歳	浅間山荘事件		京王プラザホテル
1974年	50歳	フォード大統領来日	日本設計事務所代表取締役副社長就任	新宿三井ビル
1976年	52歳	ロッキード事件	日本設計事務所代表取締役社長就任	
1979年	55歳	朴韓国大統領暗殺		パラグアイ・職業訓練センター

1980年	56歳	モスクワ五輪、日本ボイコット 韓国・光州事件 イラン・イラク戦争		ボリビア・スクレ消化器疾患センター、筑波研究学園都市工業技術院、筑波研究センター
1982年	58歳	ホテル・ニュージャパン事件		新橋演舞場
1983年	59歳		7月、長崎オランダ村開業	
1985年	61歳	科学万博つくば開幕	小笠原ヨットレースに参加、優勝	日本アイ・ビー・エム大和研究所、沖縄・熱帯ドリームセンター、ケニア中央医療研究所
1986年	62歳	男女雇用機会均等法 東京サミット		富山県工業技術センター・中央研究所、徳島県庁舎
1987年	63歳	国鉄分割民営化		長崎オランダ村、多摩動物公園昆虫生態園
1988年	64歳	青函トンネル開業 リクルート事件	3月、株式会社ハウステンボス設立、神近氏が社長に就任	千葉県立中央博物館、滋賀県立小児保健医療センター、流通科学大学、香川県県民ホール
1989年	65歳	昭和天皇崩御 ベルリンの壁崩壊	建築審議会委員（95年3月まで） オランダ国王家より叙勲	かながわサイエンスパーク

		天安門事件	日本設計事務所から日本設計へ社名変更	
1990年	66歳	東西ドイツ統一		北京京廣中心、立教大新座キャンパス
1991年	67歳	湾岸戦争 ソ連崩壊 バブル崩壊		東京都立大新キャンパス、上海国際貿易中心、ザ・ランドマークタワー
1992年	68歳	佐川急便事件	3月、ハウステンボス開業、投資額2200億円、初年度入場者375万人	ハウステンボス、富山市庁舎
1993年	69歳	皇太子殿下ご結婚	世界都市開発協会副会長就任（2002年まで） 日本設計代表取締役会長就任	高知県立美術館
1994年	70歳	松本サリン事件	日本建築家協会名誉会員	
1995年	71歳	阪神・淡路大震災 地下鉄サリン事件	建築家協会都市災害特別委員会委員長就任（1996年まで）	
1996年	72歳	住専処理法成立	年度入場者が過去最高の425万人を記録 池田塾開設 長崎総合科学大学教授就任（2004年まで）	

1997年	73歳	諫早湾堤防閉め切り	樹木・環境ネットワーク協会理事長就任	
1998年	74歳	長野五輪	日本設計名誉会長就任	
2000年	76歳	沖縄サミット	日本興業銀行が202億円の債務放棄 神近氏、社長を辞任。後任に興銀出身の和才昌二氏。3月期決算で4年ぶりに経常赤字に転落 ハウステンボス代表取締役会長就任（2003年まで）	
2001年	77歳	米同時テロ	希望退職者を募集 開業以来初の入場料値下げ 和才社長退任、後任に興銀出身の森山道壮氏 分譲別荘地区ワッセナーの半値での販売開始 10月 興銀が330億円の債務放棄。長崎オランダ村を閉園	邦久庵
2002年	78歳	ワールドカップ日韓共同開催	日本建築学会名誉会員	
2003年	79歳		2月、会社更生法の適用を申請 9月、野村プリンシパル・ファイナンスが支援企業に決定	

2008年	84歳		6月、大航海体験館閉館	
2009年	85歳		7月、ホテル・デンハーグ一時休館	
2010年	86歳		4月、旅行会社「エイチ・アイ・エス」を中心とした新たな経営再建がスタート	
2011年	87歳	東日本大震災		

参考・引用文献

ドネラ・H・メドウズほか著・大来佐武郎訳『成長の限界――ローマ・クラブ「人類の危機」レポート』ダイヤモンド社、一九七二年
レイチェル・カーソン・青樹簗一訳『沈黙の春』新潮文庫、一九七四年
宇野千代『ママの話』中央公論社、一九七六年
池田武一『ある軍隊日誌』プレジデント社、一九八二年
新渡戸稲造著・矢内原忠雄訳『武士道』岩波文庫、一九八四年
吉川英治『宮本武蔵』吉川英治歴史時代文庫、講談社、一九八九年
上之郷利昭『ハウステンボス物語――男たちの挑戦』プレジデント社、一九九二年
村上龍『長崎オランダ村』講談社文庫、一九九二年
神近義邦『ハウステンボスの挑戦』講談社、一九九四年
池田武邦『大地に建つ』ビオシティ、一九九八年
池田武邦『ハウステンボス・エコシティへの挑戦』かもがわブックレット、一九九九年
立花隆『21世紀 知の挑戦』文春文庫、二〇〇二年
C・W・ニコル・村上博基『盟約』上下、文春文庫、二〇〇二年
C・W・ニコル著・村上博基訳『遭敵海域』文春文庫、二〇〇五年
「歴史街道」二〇〇四年十月号、PHP研究所
中村政雄『原子力と環境』中公新書ラクレ、二〇〇六年
司馬遼太郎『街道をゆく35 オランダ紀行』朝日文庫、二〇〇九年
井川聡『軍艦「矢矧」海戦記――建築家・池田武邦の太平洋戦争』光人社、二〇一〇年
執行草舟『友よ』講談社、二〇一〇年
「建築とまちづくり」二〇一一年三月号、新建築家技術者集団
池田武邦『二十一世紀は江戸に学べ――近代科学技術文明を問い直す』河出書房新社、二〇一二年
朝日新聞、毎日新聞、読売新聞、日本経済新聞、産経新聞の各紙

なぜ、いまハウステンボスなのか　あとがきにかえて

ハウステンボスを知らない日本人はいないだろう。しかし、その理念や誕生の経緯はあまり知られていない。

一九九二年三月、日本列島の西の果てに忽然と現れた「街」の威容に、筆者は目を見張った。「これは何なのだ！　誰が、何のために、こんなものを創ったのか」と思った。

謎が解けたのは十年後だった。

二〇〇二年九月、筆者は読売新聞佐世保支局に着任し、ごあいさつにと、神近義邦さんの事務所を訪ねた。当時、ハウステンボス株式会社は経営危機に陥っており、神近さんは社長を引責辞任し、経営から身を引いていた。ふつうなら、失意の底にあって新聞記者などとは会いたくもないはずだが、神近さんは従容とされていた。

「ハウステンボスはね、テーマパークではないんですよ」

熱心に説明される神近さんの顔を見、声を聞くうち、筆者はすべてを了解した。頭で理解したのではなく、肌で感じ取ったといった方がいい。

古里に地中海のリゾート地に負けないような楽園をつくる――。神近さんはその夢を実現するため、命を燃やし、火の玉となって働いたのだった。行動力の源には曇りのない真心があり、その人

格力が、それまで縁もゆかりもなかった様々な分野の人々を吸い寄せ、手品のような鮮やかさで荒廃した工業団地を緑豊かな街に変えた。

参画した人たちの側から見れば、神近さんの夢に、それぞれの夢を重ねたという面もあろう。ハウステンボスは、こうした人々の魂の共振によって生まれた、熱狂の産物といってよいだろう。神近さんが磁場の中心にいる間、ハウステンボスには、勢いがあった。夢があり、ロマンがあった。ところが、神近さんが社を去り、磁力が失われると、人材は雲散霧消し、経営は支離滅裂となった。

そこに、ひとり踏みとどまったのが、池田武邦さんだった。

邦久庵に池田さんを訪ねたのは、二〇〇二年暮れのこと。池田さんはマリアナ沖海戦、レイテ沖海戦、沖縄海上特攻を戦いぬいた元海軍士官だった。戦後、建築家に転じ、超高層建築のパイオニアとなり、お会いした当時は、神近さんからバトンを引き継ぐ形でハウステンボスの代表取締役会長を務めていた。

「建築家として日本のために役に立つことを必死にやってきた。でも、戦争の体験に比べたら、別にたいしたことはない」

池田さんは淡然としたものだった。その戦争体験については、拙著「軍艦『矢矧』海戦記～建築家・池田武邦の太平洋戦争」（二〇一〇年、光人社刊）に詳しく書いた。本書はその続編といえる。併せてお読みいただけると幸いである。

とまれ、赫々たる戦歴・経歴の池田さんが、茅葺きの家に住んでいるのも驚きだったが、囲炉裏に薪をくべながらの述懐は、さらに衝撃的だった。

「僕がやってきたことは目先の合理主義だった。人工的な環境の下では、人間は決して安らぎを得ることはできない。体は楽でも精神がおかしくなる。このまま環境破壊を続けていると、天罰が下るだろう」

これは、たんなる池田さんの自省の弁ではない。己の欲望を満たすため美しい日本列島の自然を破壊し続けている私たちへの警告である。筆者はそう受けとめた。

設計者である池田さんの半生を追うことで、ハウステンボスの思想と成り立ちが鮮明になり、「ハウステンボスとは何か」という問いにも明快に答えることができたのではないかと思っている。

執筆中に三・一一東日本大震災、福島原発事故が起きた。池田さんの警句は、ますます重みを増している。震災後、近代合理主義、物質主義といった価値観に終止符を打つべきだという声も聞かれるようになった。今こそ、ハウステンボスがテーマパークの枠を超えた新世紀の都市づくりの実験場であり、日本人が失った自然に対する「畏敬」を取り戻す試みであったことを思い起こしてほしい。

唐の都・長安をモデルにした京都が、何度も焼け野原になりながら、押しもおされもせぬ日本を代表する都市になったように、千年後のハウステンボスが日本を代表する街になる可能性は十分にあると思う。ハウステンボスの手法を応用すれば、いろんなことができる。例えば、コンクリート護岸を自然の渚に造り替え、都市の暗渠をせせらぎに変えれば、生態系がよみがえり、美しい国土が復元されるだろう。高速道の代わりに、国をあげて自転車道や遊歩道を整備すれば、限界集落が宿場町に生まれ変わるかもしれない。こうした試みによって、雇用が生まれ、余暇の楽しみが増えれば言うことはない。本書が、震災復興、沖縄の米軍基地返還に伴う広大な跡地利用など、まちづくりを考えるうえでのヒントになれば幸甚である。

二〇一二年一月十一日夜、「池田武邦さんの米寿を祝う会　神近義邦さんの快気を祝う会（神近さんは大腸がんを患い、五年間で五回の手術をされ、奇跡的な回復をされた）」が、両ご夫妻をお招きして盛大に開催された。会場はフレンチの巨匠・上柿元勝さんが特別顧問を務めるハウステンボスジェイアール全日空ホテル。「お二人のお祝いであれば、私が厨房に入ります」と、ムッシュ自ら料理に腕をふるわれた。

あいさつに立った池田さんは、「特攻で一度死んだ身ですが、神近さんをはじめ、皆様のおかげで長く、楽しい余生になりました」とお礼を述べられた。神近さんは四十年間の池田さんとの偶然の出会いから今日に至る思い出を、エピソードを交えて語り、「池田先生はエコロジーの師匠」とたたえた。

参加者約五十人の中には、長崎オランダ村の立ち上げからハウステンボス法的整理の日まで、神近さん、池田さんを支え、共に苦難の道を乗り越えてきた元役員たちの姿があった。中川一樹さん（ザ・グローバルズ社長）、磯本裕幸さん（長崎リハビリテーション病院理事・事務長）、金原雅樹さん（長崎県立美術館副館長）、そして筆頭株主でもあった宅島建設の宅島寿雄さん（長崎県商工連合会会長）……。今はそれぞれ別の道を歩んでおられるが、離れていても気持ちは一つ、同志であることに変わりはないようだった。再会を喜び、思い出を語り合う和やかな宴席で、金原さんは「今の世代から次の世代へ、駅伝のたすきをつないでいくように、だれかが（ハウステンボスの）街を守っていってくれたらいい」と話された。筆者もそう願わずにはおれなかった。

ハウステンボス同様、本書もまた、魂と魂の共振の産物である。池田さんを建築界の最前線から佐世保に引き寄せた神近さんの磁力が、時空を超えて筆者をも吸い寄せたのに違いないと思っている。改めて、池田さん、神近さんに、心からの謝意を表したい。

長年執筆を励ましてくださった九州公論社「虹」主幹の河口雅子さんにもこの場を借りて御礼を申し上げたい。単行本にまとめるにあたっては、海鳥社の杉本雅子さんにひとかたならぬお世話になった。峻厳的確なアドバイスに心より感謝している。

二〇一二年三月　室見川ほとりの寓居にて

井川　聡

本書は、二〇〇三年六月、読売新聞長崎・佐世保版の連載「山河あり」（八回）、九州公論社の月刊文芸誌「虹」二〇〇四年一月号－二〇〇九年五月号に小暮恵介の筆名で連載した「山河あり――海兵72期池田武邦の航跡」（六十六回）、同誌二〇一〇年二月号－二〇一一年十二月号「ハウステンボス創世記」、「ハウステンボス受難記」、「ハウステンボス外伝――日本の風景を守る戦い」、「ハウステンボス黙示録」（計二十二回）をもとに、大幅に加筆・修正し、編集したものである。

井川聡（いかわ・さとし）
1959年生まれ。1983年、読売新聞西部本社入社。佐世保支局長、那覇支局長、広報宣伝部長、役員室長を経て社会部長。著書に『軍艦「矢矧」海戦記 ― 建築家・池田武邦の太平洋戦争』（光人社、2010年）。共著に『人ありて ― 頭山満と玄洋社』（海鳥社、2003年）。

超高層《ちょうこうそう》から茅葺《かやぶ》きへ
ハウステンボスに見《み》る池田《いけだ》武邦《たけくに》の作法《さほう》

■

2012年4月10日　第1刷発行

■

著　者　井川聡
発行者　西　俊明
発行所　有限会社海鳥社
〒810-0072　福岡市中央区長浜3丁目1番16号
電話092(771)0132　FAX092(771)2546
印刷・製本　モリモト印刷株式会社
ISBN 978-4-87415-842-5
http://www.kaichosha-f.co.jp
［定価は表紙カバーに表示］